PROTECTION

CONTRE

LA SÉDUCTION

COMMENT TRAVERSER LE TERRAIN MINÉ
DES SIGNES ET DES PRODIGES

Derek Prince

ISBN 978-1-78263-122-4

Traduit par Ingrid Vigoda.

Sauf autre indication, les citations bibliques de cette publication sont tirées de la traduction Louis Segond "Nouvelle Edition".
Publié par Derek Prince Ministries France, année 2002.
Dépôt légal: 3e trimestre 2002.
Dépôt légal deuxième impression: 1e trimestre 2006.

Couverture faite par Damien Baslé, www.damienbasle.com
Imprimé en France

Pour tout renseignement, et pour obtenir un catalogue de tous les livres et toutes les cassettes de Derek Prince disponibles, merci de contacter:

DEREK PRINCE MINISTRIES FRANCE
Route d'Oupia, B.P.31, 34210 Olonzac FRANCE
tél. (33) 04 68 91 38 72 fax (33) 04 68 91 38 63
E-mail info@derekprince.fr * www.derekrpince.fr

BUREAUX DE DEREK PRINCE MINISTRIES

Derek Prince Ministries International/USA
P.O. Box 19501
Charlotte, NC 28219-9501 Etats-Unis
tél. (1)-704-357-3556
fax (1)-704-357-3502

Derek Prince Ministries Angleterre
Kingsfield
Hadrian way
Baldock SG7 6AN Angleterre
tél. (44)-1462-492100
fax (44)-1462-492102

Derek Prince Ministries Afrique du Sud
P.O. Box 33367
Glenstantia 0010 Pretoria
Afrique du Sud
tél. (27)-12-348-9537
fax (27)-12-348-9538

Derek Prince Ministries Australie
1st floor, 134 Pendle Way
Pendle Hill
New South Wales 2145
Australie
tél. (61)-2-9688-4488
fax (61)-2-9688-4848

Derek Prince Ministries Allemagne
Schwarzauer Str. 56
D-83308 Trostberg
Allemagne
tél. (49)-8621-64146
fax (49)-8621-64147

Derek Prince Ministries (IBL) – Suisse
Alpenblickstr. 8
CH-8934 Knonau
Suisse
Tél: (41) 44 768 25 06
Email: dpm-ch@ibl-dpm.net

Derek Prince Ministries Canada
P.O. Box 8354
Halifax N.S. Canada B3K 5M1
tél. (1)-902 443-9577
fax (1)-902 443-9577

Derek Prince Ministries
Pays-Bas/EE/CIS
P.O. Box 349
1960 AH Heemskerk
Pays-Bas
tél. (31)-251 255044
fax (31)-251 247798

Derek Prince Ministries
Pacific du Sud
224 Cashel Street
P.O. Box 2029
Christchurch 8000
Nouvelle Zélande
tél. (64)-3-366-4443
fax (64)-3-366-1569

Derek Prince Publ. Pte Ltd
Derek Prince Ministries
10 Jalan Besar
#14-00 (Unit 03) Sim Lim
Tower
Singapore 208787
République de Singapour
tél. (65)-392-1812
fax (65)-392-1823

DPM – NORVEGE
PB 129 – Loddefjord
5881 Bergen
NORVEGE
Tél: 47-5593-4322
Fax: 47-5593-4322
E-mail: Sverre@derekprince.no

Du même auteur:

**"Ils chasseront les démons"
➢ *Ce livre de Derek Prince de 288 pages, qu'il a écrit en 1997, constitue un manuel solide et biblique traitant le sujet délicat de la délivrance d'une façon modérée, réaliste et équilibrée.*

**"Alors viendra la fin..."
➢ *Derek Prince vous montrera comment aborder le sujet de la prophétie dans la Bible. Il est très important pour les enfants de Dieu de savoir comment les reconnaître.*

**"Qui est le Saint-Esprit?"
➢ *Une étude sur la Personne la moins comprise de la Bible: le Saint-Esprit.*

**"Le remède de Dieu contre le rejet"
➢ *Peut-être que le rejet est-il la cause de la douleur la plus profonde, formant l'une des blessures les plus sensibles et vulnérables de l'homme. C'est une expérience courante de nos jours, et de nombreuses personnes en souffrent. Dieu a-t-il pourvu à une solution? Ce livre vous le montrera.*

**"Prier pour le gouvernement"
➢ *D'une façon claire, Derek Prince montre pourquoi il est logique de prier "avant toutes choses" pour ceux qui sont haut placés (1 Tim. 2:1-2). Un enseignement simple et compréhensible, afin de savoir comment et pourquoi prier intelligemment pour le gouvernement.*

**"Les actions de grâces, la louange et l'adoration"
➢ *Une étude profonde sur ce qu'un être humain peut connaître de plus élevé: adorer et louer son Dieu*

**"Le mariage: une alliance"
➢ *En traitant l'une des choses pouvant être la plus profonde et la plus précieuse de la vie, Derek Prince explique ce que le mariage est avant tout aux yeux de Dieu: **une alliance**. Tout comme la Nouvelle Alliance de Jésus était impossible sans sa mort, de même l'alliance du mariage est impensable si les conjoints ne renoncent pas à leur propre vie.*

****"Votre langue a-t-elle besoin de guérison?"**

> ➤ *Tôt ou tard, chaque chrétien est confronté au besoin impératif de contrôler sa langue, mais il n'y parvient pas. Derek Prince apporte au lecteur l'enseignement biblique et les étapes pratiques nécessaires pour discipliner la langue*

****"Façonner l'histoire par la prière et le jeûne"**

> ➤ *Par ce livre Derek Prince donne des exemples aussi bien de l'histoire que de sa propre expérience, comme la combinaison puissante du jeûne et de la prière peut effectuer parfois un changement du cours de l'histoire pour une nation tout entière.*

****"Dieu est un Faiseur de mariages"**

> ➤ *Comment se préparer au mariage? Quel est le plan de Dieu pour le mariage? Qu'est-ce que la Bible dit sur le divorce? Est-ce que la Bible permet de se remarier? Dans quelles conditions? Vous trouverez des réponses claires et bibliques à ces questions si pressantes, à partir d'une expérience personnelle et de plus de cinquante ans de ministère.*

****"Le plan de Dieu pour votre argent"**

> ➤ *Dieu a un plan pour tous les aspects de votre vie, y compris celui de vos finances. Dans ce livre, Derek Prince révèle comment gérer votre argent pour que vous puissiez vivre sous la bénédiction de Dieu et dans l'abondance qu'il a voulues et entendues pour vous.*

Et autres.

Ecrivez à notre adresse pour recevoir gratuitement un catalogue de tous les livres et de toutes les cassettes de Derek Prince, des lettres d'enseignement gratuites (France et DOM/TOM uniquement) et pour être tenu au courant de toutes les nouvelles éditions, et toute autre nouvelle de:

DEREK PRINCE MINISTRIES FRANCE
Route d'Oupia, B.P. 31, 34210 Olonzac FRANCE
tél. (33) 04 68 91 38 72 fax (33) 04 68 91 38 63
E-mail info@derekprince.fr * www.derekrpince.fr

TABLE DE MATIERES

PROTECTION CONTRE LA SÉDUCTION

Comment traverser le terrain miné
des signes et des prodiges

Dans un premier temps, je vais faire l'analyse d'un problème qui s'est levé dans plusieurs branches de l'Eglise à travers le monde. Puis je tenterai d'expliquer comment celui-ci a surgi. Enfin j'essaierai d'apporter une réflexion sur la manière de se préserver à l'avenir de telles errances.

PREMIÈRE PARTIE

HONORONS L'ESPRIT SAINT DE DIEU

Les signes et les prodiges ne déterminent pas la vérité

Ces dernières années, il y a eu une explosion mondiale de signes et de miracles. Certains d'entre eux sont utiles et en accord avec la Parole, d'autres bizarres et très éloignés d'elle. Ces manifestations ne sont pas nouvelles. Nous les retrouvons dans divers passages de la Bible et à différentes époques de l'histoire de l'Eglise. Cependant l'explosion actuelle des signes et des prodiges dépasse amplement le cadre d'une église ou d'une dénomination et a largement attiré l'attention non seulement des médias religieux, mais aussi séculiers. Je veux d'ores et déjà préciser que je n'éprouve aucun préjugé ou inquiétude face à des manifestations inhabituelles. J'ai, dans ma vie, fait l'expérience d'un certain nombre d'entre elles. Elles ne m'effraient pas et je ne suis pas négatif à leur sujet.

Comme je l'ai mentionné dans mon livre "Effervescence dans l'Eglise"[1], la rencontre personnelle que j'ai faite avec le Seigneur Jésus-Christ durant la Seconde Guerre mondiale s'est produite d'une manière peu conventionnelle. Au milieu de la nuit, dans une caserne de l'armée britannique, j'ai passé plus d'une heure étendue sur le dos par terre, d'abord le corps secoué de sanglots, et ensuite submergé de rires qui devenaient de plus en plus forts.

Le matin suivant, j'ai réalisé que j'étais devenu une personne complètement différente; je n'étais non pas changé par un acte de ma volonté propre, mais parce que j'avais cédé à l'action de la puissance surnaturelle qui se libérait au travers de moi. J'ai ensuite lu plusieurs passages dans la Bible se référant aux rires. Avec surprise, j'ai découvert que, pour le peuple de Dieu, le rire n'est pas, comme nous pourrions l'imaginer, une réaction à une situation comique, mais plutôt l'expression de triomphe et de victoire sur ses ennemis.

Dans le Psaume 2:4, David décrit Dieu lui-même en train de rire:

"Il rit, celui qui siège dans les cieux, le Seigneur se moque d'eux."

Ici, le rire de Dieu n'est pas une réaction à une comédie se déroulant sur terre, mais c'est plutôt sa réponse aux nabots humains ridicules ayant l'effronterie de s'opposer

---

[1] Disponible en français auprès de votre diffuseur habituel ou chez l'éditeur.

à ses desseins. C'est son expression de triomphe sur les puissances du mal.

Parfois, Dieu nous remplit de son rire afin que nous partagions son triomphe sur ceux qui sont à la fois ses ennemis et les nôtres.

Le résultat de l'expérience que j'ai vécue dans cette caserne est une vie transformée et une vie de chrétien engagé depuis plus de cinquante-cinq ans dans le ministère.[2]

Un peu plus tard, alors que j'avais la charge d'une église à Londres et que je priais avec les membres de notre groupe au dernier étage d'un immeuble, le bâtiment a tremblé sous la puissance de Dieu durant quelques secondes. J'ai réalisé que quelque chose de semblable, concernant l'Eglise primitive, était décrit dans Actes 4:31:

> "Quand ils eurent prié, le lieu où ils étaient
> assemblés trembla; ils furent tous remplis du
> Saint-Esprit, et ils annonçaient la parole de
> Dieu avec assurance."

A cette époque précise, notre groupe tenait plusieurs réunions d'évangélisation chaque semaine dans les rues de Londres, et il nous fallait certainement bien plus que de l'audace naturelle pour accomplir cela.

Cependant, devant toute manifestation extraordinaire, je me pose toujours ces deux questions: Est-ce une manifestation de l'Esprit saint de Dieu ou est-ce celle d'une autre source? Puis, en relation directe avec la première question: Cette manifestation est-elle en harmonie avec l'Ecriture?

Dans 2 Timothée 3:16, Paul dit que toute Ecriture est inspirée de Dieu. En d'autres mots, l'Esprit saint est l'auteur

---

[2] N.d.t.: ce message a été donné en novembre 1996.

de toute Ecriture, et il ne dit ni ne fait rien qui la contredise. Toute manifestation spontanée de l'Esprit saint sera, d'une façon ou d'une autre, en harmonie avec l'Ecriture.

Maintenant, je voudrais rappeler les avertissements que Jésus donne en ce qui concerne la fin des temps, période dans laquelle, je le crois, nous vivons aujourd'hui. Ces avertissements se trouvent dans Matthieu 24:4-5, 11 et 24. Ils nous mettent en garde contre la séduction. Quatre fois dans ces vingt et un versets Jésus nous avertit particulièrement contre la séduction dans cette période de fin des temps.

Dans Matthieu 24:4-5, la première chose que Jésus dit des événements qui précèdent son retour est:

"Prenez garde que personne ne vous séduise. Car plusieurs viendront en mon nom, disant: C'est moi qui suis le Christ (le Messie). Et ils séduiront beaucoup de gens."

"Plusieurs faux prophètes s'élèveront et séduiront beaucoup de gens." (verset 11)

"Car il s'élèvera de faux Christs (ou Messies) et de faux prophètes, ils opéreront de grands signes et des prodiges au point de séduire si possible même les élus." (verset 24)

Celui qui ne prend garde à ces avertissements, ou traite à la légère ce problème, le fait au péril de son âme. Le danger principal dans cette fin des temps n'est ni la maladie, ni la pauvreté, ni la persécution, mais la séduction. Si quelqu'un dit: "Cela ne peut pas m'arriver!", cela s'est déjà produit pour cette personne, car elle affirme que ne peut se produire une chose dont Jésus nous a cependant avertis. C'est une indication suffisante que cette personne est déjà victime de la séduction.

J'aimerais ensuite préciser un fait important concernant les signes et les miracles: ils ne définissent pas la vérité. Il est important de bien comprendre que les signes et les miracles ne déterminent pas la vérité! Cette dernière est déjà établie: c'est la parole de Dieu. Dans Jean 17:17, Jésus, priant le Père, dit: "Ta Parole est la vérité." Dans le Psaume 119:89, le psalmiste affirme: "A toujours, ô Eternel! Ta parole subsiste dans les cieux." Rien de ce qui se produit sur terre ne peut changer un seul iota, la moindre lettre, de la parole de Dieu. Elle est établie pour toujours dans les cieux.

Maintenant, la Bible parle de signes et de prodiges; certains sont bénéfiques, d'autres effrayants. Lisons 2 Thessaloniciens 2:9-12:

> "L'avènement de l'impie (c'est le titre de l'antéchrist) se produira par la puissance de Satan, avec toutes sortes de miracles, de signes et de prodiges mensongers, et avec toutes les séductions de l'injustice pour ceux qui périssent, parce qu'ils n'ont pas reçu l'amour de la vérité pour être sauvés. Aussi Dieu leur envoie une puissance d'égarement pour qu'ils croient au mensonge, afin que soient jugés ceux qui n'ont pas cru à la vérité, mais qui ont pris plaisir à l'injustice."

Paul dit ici qu'il existe de tels signes et prodiges mensongers, de vrais signes et des signes mensongers. Les vrais témoignent de la vérité, les signes mensongers témoignent des mensonges. Satan est pleinement capable de produire des signes surnaturels et des prodiges. Malheureusement beaucoup de chrétiens dans le mouvement charismatique trouvent que, si un signe est surnaturel, il doit venir de Dieu. Une telle affirmation n'est pas bibliquement fondée. Satan est parfaitement capable de produire des signes puissants et des prodiges pour authentifier ses mensonges. Et la raison pour laquelle ces chrétiens sont séduits est parce qu'ils n'ont pas reçu l'amour de la vérité. Dieu envoie une puissance d'égarement sur de telles personnes.

Voilà une déclaration biblique des plus effrayantes. Si Dieu vous envoie une puissance de séduction, vous serez séduit. Je pense que le fait de recevoir une puissance de séduction est l'un des châtiments les plus sévères de Dieu que nous trouvons dans les Ecritures. Ces gens sont condamnés pour n'avoir pas cru en la vérité et pour avoir pris plaisir à l'injustice.

Les signes et les prodiges ne garantissent donc pas la vérité. Il n'existe qu'un seul moyen sûr de connaître la vérité, c'est de s'attacher à la parole de Dieu. Jésus a dit, dans Jean 8:32: "Vous connaîtrez la vérité et la vérité vous rendra libres." Il n'existe, de nos jours, aucun autre moyen d'échapper à la séduction, sinon en connaissant et en mettant en pratique l'Ecriture, qui est la vérité, la parole de Dieu.

En 1994 j'ai été, pour la première fois, en contact plus ou moins direct avec l'un de ces groupes où se produisaient ces manifestations. Des responsables d'églises se rendaient à certaines de leurs conférences et ils en revenaient tout enthousiasmés, disant qu'ils avaient fait une expérience merveilleuse et que nous avions tous besoin de la faire également. Ils disaient: "Ne cherchez pas à examiner, à tester, mais ouvrez plutôt votre cœur pleinement pour recevoir cette expérience." C'est à ce moment que, pour la première fois, j'ai commencé à suspecter certaines choses, car une telle déclaration est directement contraire à l'Ecriture.

Dans 1 Thessaloniciens 5:21, Paul dit aux chrétiens:

"Examinez toutes choses, retenez ce qui est bon."

Par conséquent, si nous n'examinons pas toutes choses, nous désobéissons à l'Ecriture et quiconque nous dit de ne pas examiner ces choses est lui-même en désaccord avec l'Ecriture.

Nous ne pouvons pas compter sur nos émotions pour obtenir la vérité. Proverbe 28:26 dit:

"Celui qui a confiance dans son propre cœur est un insensé."

Ne soyons pas insensés. Ne nous confions pas en notre propre cœur et en ses élans pour diriger nos pas. De plus, dans Jérémie 17:9, le prophète dit:

"Le cœur est tortueux par-dessus tout, et il est incurable: Qui peut le connaître?"

Ce mot "tortueux" est très intéressant. En 1946, j'étais étudiant à l'Université hébraïque de Jérusalem, et je suivais le cours du professeur principal sur l'étude de la nature ou les règles de la langue hébraïque. Cet homme a cité ce verset:
"Le cœur est trompeur et désespérément malin." (version Osterwald)

Il a donné plusieurs explications sur la forme active du verbe tromper. Cela ne signifie pas que le cœur est trompé, mais plutôt qu'il vous séduit, vous abuse, et qu'en lui, il ne faut pas mettre sa confiance.

Le professeur a donné une image très vivante de ce que signifie "trouver la vérité" concernant son propre cœur. Il l'a comparé à un oignon que l'on pèle. Vous pelez pelure après pelure, mais vous ne savez jamais quand vous vous trouvez face à la dernière pelure et durant tout ce temps vos yeux pleurent. Cette image demeure gravée en moi depuis cinquante ans, car elle est une mise en garde très forte contre l'envie de suivre le penchant de son cœur pour être conduit dans la vérité. Il n'existe qu'une source de vérité, c'est l'Ecriture.

Le mélange produit la confusion et la division

> Si je voulais résumer l'ensemble de ce phénomène ou mouvement, je dirais, en m'appuyant en partie sur des observations personnelles et sur des rapports sérieux qui m'ont été fournis, qu'il s'agit là d'un mélange d'esprits: ceux de l'Esprit saint et d'esprits impurs mélangés ensemble.

Dans Lévitique 19:19, Dieu nous avertit contre le mélange. Il y est opposé:

> "Vous observerez mes prescriptions. Tu n'accoupleras pas des bestiaux de deux espèces différentes; tu n'ensemenceras pas ton champ de deux espèces de semences; et tu ne porteras pas un vêtement tissé de deux espèces de fils.

Dieu nous met en garde contre trois choses: accoupler deux espèces différentes, ensemencer ensemble deux variétés de grains et tisser un vêtement de deux espèces de fils.

Nous pouvons dire qu'ensemencer deux espèces de grains représente le message que nous apportons s'il est composé en partie de vérité et en partie d'erreur. Porter un vêtement tissé de deux fils est une représentation du style de vie en partie en accord avec l'Ecriture et en partie avec le monde. Accoupler deux espèces animales, c'est un peu comme si une communauté chrétienne, ou un serviteur de Dieu, travaillait avec un groupe ou un dirigeant qui n'est pas chrétien.

Il est intéressant de noter qu'un tel accouplement dans la nature produit un animal stérile. Par exemple, une jument et un âne produisent une mule, qui est toujours stérile (elle ne peut se reproduire). Je pense que c'est pour cette raison que de nombreuses actions dans les églises sont "stériles" lorsque le monde chrétien "s'accouple" avec le mauvais partenaire.

J'ai observé attentivement et j'ai fait l'amère expérience que procure un tel mélange d'esprits. Je trouve que l'Ecriture nous en avertit souvent. Par exemple, le roi Saül, personnage biblique bien connu, avait un esprit dualiste. Par moments il prophétisait dans l'Esprit saint, puis l'instant d'après il prophétisait dans un esprit démoniaque. Sa carrière est pour nous un avertissement. Il a régné quarante ans. Il a été un chef militaire talentueux et a remporté beaucoup de victoires, mais son existence a été de double nature, ce qui a précipité sa fin tragique. Il est allé consulter une magicienne la dernière nuit de sa vie, et le lendemain il s'est suicidé sur le champ de bataille. Voilà qui n'encourage personne à cultiver un mélange spirituel dans sa vie!

J'ai observé que le résultat d'un tel mélange est double: il procure tout d'abord la confusion, ensuite la division. Prenons l'exemple d'une prédication dont une partie est inspirée de la vérité biblique, et l'autre est erronée. L'auditoire réagit de deux manières: certains voient le bon côté du message et se concentrent dessus, et par là même acceptent aussi l'erreur; d'autres n'y voient que l'erreur, et par conséquent rejettent la partie inspirée du message. Dans les deux cas, le dessein de Dieu ne peut s'accomplir.

J'ai été pasteur il y a très longtemps et je me souviens que les personnes les plus difficiles à gérer dans la congrégation sont celles qui vivent dans un tel mélange. Je vous propose un exemple imaginaire. Voici sœur Martin. Un dimanche, elle délivre une prophétie si belle que tout l'auditoire est encouragé. Deux dimanches passent et voici qu'elle se lève et nous fait part d'une révélation qu'elle a eue en songe. Plus elle parle, plus cela devient confus. Alors, étant le pasteur, je dois lui dire: "Sœur Martin, je vous remercie, mais je crois que cela ne vient pas du Seigneur!" Et elle se rassied; mais ce n'est pas fini pour autant.

Après la réunion, sœur Dupont vient me voir et dit: "Frère Prince, comment avez-vous pu parler à sœur Martin de cette manière? Ne vous souvenez-vous pas de la belle prophétie qu'elle a donnée il y a deux dimanches de cela?" Lorsque sœur Dupont me quitte, frère Dupuis lui succède et me dit: "Si c'est cette sorte de révélation qu'a sœur Martin, je n'écouterai plus jamais ses prophéties!"

Voyez-vous à quoi nous aboutissons? Nous parvenons à la confusion, puis à la division. Voilà ce qui, je crois, se produit actuellement dans l'Eglise: la confusion et, en conséquence, son corollaire, la division. Et les divisions sont démesurées! Je pense que la confusion produira toujours de la division.

La Bible ne nous donne aucune liberté de tolérer l'incursion du mal dans l'Eglise. La passivité nous est interdite, tout autant que la neutralité. Le Proverbe 8:13 dit:

"La crainte de l'Eternel, c'est la haine du mal."

C'est pécher que de se compromettre avec le mal, et c'est pécher que de demeurer neutre vis-à-vis du mal. Dans Jean 10:10, Jésus nous dit que "le voleur, le diable, vient pour voler, tuer et détruire". Nous devons nous rappeler, tant au niveau individuel qu'à celui de l'assemblée, que le diable vient avec trois objectifs: voler, tuer et détruire.

Je me souviens d'avoir souvent eu à parler à une personne qui avait besoin d'être libérée d'un esprit mauvais. Je lui disais alors: "Rappelez-vous que le diable a trois bonnes raisons pour être dans votre vie: pour voler, pour tuer et pour détruire. Il faut que vous vous déclariez fermement opposé à son action, que vous ne restiez pas neutre, mais que vous le chassiez de votre vie!" Ce qui est vrai au niveau individuel l'est aussi au niveau de l'assemblée. C'est vrai pour le corps de Christ dans le monde entier.

Pour en revenir au mouvement en question et à ses manifestations, certaines d'entre elles ont été comparées à celles qui ont accompagné les ministères de grands serviteurs de Dieu tels que John Wesley, George Whitfield, Jonathan Edwards et Charles Finney. Des manifestations inhabituelles ont sans conteste accompagné les ministères de ces quatre hommes; j'ai étudié plusieurs d'entre eux et je pense que les différences avec les manifestations actuelles sont plus nombreuses que les similitudes. Laissez-moi vous montrer trois différences.

La première est que ces quatre hommes prêchaient avec puissance la parole de Dieu avant tout, et rien d'autre que la parole de Dieu. Ils ne faisaient rien sans avoir annoncé d'abord la parole de Dieu. Finney, s'exprimant sur son ministère, disait: "Je parlais habituellement une ou deux heures." Je connais peu de chrétiens actuellement en Occident qui écouteraient un message durant deux heures. Mais Finney apportait la Parole dans sa pureté et sa puissance.

La deuxième est que ces quatre hommes appelaient leur auditoire à la repentance. C'était leur priorité envers ceux qui les écoutaient. Certains, aujourd'hui, appellent "un temps de rafraîchissement" ce à quoi nous assistons. Mais dans Actes 3:19-20 Pierre dit que "le temps de rafraîchissement" doit être précédé de repentance. Tout temps de rafraîchissement qui passe à côté de la repentance n'a pas de fondement biblique.

La troisième est que dans aucun des ministères de ces hommes il n'est fait, que je sache, mention d'imposition des mains. Ce n'est pas que l'imposition des mains soit à l'encontre de l'Ecriture, mais il y a une différence. Dans certaines circonstances, les personnes reçoivent directement durant la prédication de la Parole, dans d'autres elles reçoivent par l'imposition des mains.

Prenons l'exemple de la pluie. Si vous êtes à l'air libre et qu'il pleut, vous recevez directement la pluie du ciel. Si la pluie est récupérée dans une citerne, et que vous êtes à l'abri, vous ne la recevez pas directement; il faut prendre en compte la citerne et les conduites qui permettent à l'eau de couler jusqu'à vous.

C'est une expérience que j'ai vécue lorsque ma première épouse Lydia et moi avons habité au Kenya pendant cinq ans, dans une maison où l'eau potable provenait d'une citerne qui collectait les eaux de pluie du toit. Bien que l'eau vînt du ciel, nous avons vite appris que, si elle séjournait un certain temps dans la citerne de béton, des vers se développaient et nous devions toujours la faire bouillir afin qu'elle soit potable. La pluie qui venait du ciel n'avait rien de mauvais en elle-même, mais c'est au passage des conduites et de la citerne qu'elle perdait sa pureté. Je pense que cela peut être vrai de l'imposition des mains; le canal n'est pas toujours pur!

Récemment certains pasteurs sont passés de l'imposition des mains à d'autres actes comme balancer les mains ou les pointer vers le ciel, ou ailleurs. Cela ne change rien au fait que quelque chose est transmis par ce geste. Sans quoi, il n'est nul besoin d'utiliser les mains. La question importante demeure: Ces mains sont-elles de purs canaux par lesquels l'Esprit saint peut se répandre?

Il y a peu de temps nous assistions, Ruth et moi, à une réunion à laquelle participaient des pasteurs du mouvement dont il est question. Nous étions assis deux rangs derrière une femme sous l'emprise d'une forte émotion. Elle était continuellement agitée de spasmes et sur le point de vomir. J'ai fini par dire à Ruth: "Nous devrions essayer de l'aider."

Bien que ce ne fût pas une réunion dont nous étions responsables, nous sommes discrètement allés voir cette dame pour lui parler. Nous avons rapidement découvert qu'elle parlait en langues, mais il était évident aussi qu'il s'agissait d'une contrefaçon. Ce n'était pas une langue dans l'Esprit saint. Nous lui avons alors suggéré de déclarer que Jésus est Seigneur à haute voix, mais elle n'a pas voulu, et n'était pas capable de le faire. J'en ai donc conclu qu'elle était sous l'emprise d'un mauvais esprit.

Plus tard, les personnes qui l'accompagnaient sont venues nous demander ce qui pouvait être fait pour l'aider. Je leur ai demandé: "Comment cela s'est-il produit?" Elles ont répondu: "Elle est allée dans une église engagée dans ce mouvement actuel où quelqu'un lui a imposé les mains, et elle est dans cet état depuis." Elles ont ajouté: "Elle est convaincue que cela vient de Dieu et nous ne pouvons pas l'aider!"

Voici un exemple d'une "pluie" collectée dans une "citerne" qui n'était pas pure.

De plus, dans ce mouvement actuel, l'accent est mis sur l'amour. J'approuve le fait que l'amour est plus grand que tout. Mais le problème est que les gens ne cernent pas clairement la nature de l'amour décrit dans le Nouveau Testament. Tout d'abord, l'amour en nous s'exprime par l'obéissance au Seigneur. Toute forme d'amour qui ne résulte pas d'une obéissance n'est pas conforme à l'Ecriture.

Dans Jean 14:15, Jésus dit à ses disciples:

> "Si vous m'aimez, vous garderez mes commandements."

De quelle manière prouvons-nous que nous aimons le Seigneur? C'est en gardant ses commandements. Puis au verset 21, Jésus dit:

> "Celui qui a mes commandements et qui les garde, c'est celui qui m'aime."

Et dans 1 Jean 5:3, il est dit:

> "Car l'amour de Dieu consiste à garder ses commandements."

Toute forme d'amour qui ne résulte pas d'une obéissance à la volonté de Dieu révélée dans sa Parole est donc un amour non conforme à l'Ecriture. C'est une contrefaçon, un substitut de l'amour véritable.

Il nous faut également considérer la manière dont Dieu exprime son amour envers nous. Il est vrai qu'il est notre Père et qu'il nous aime. Mais lorsque cela est nécessaire, il nous discipline comme un Père le ferait. Dans le message délivré aux sept églises de l'Apocalypse de Jean, je dirais que l'église de Laodicée est celle qui correspond le mieux à l'Eglise en Occident aujourd'hui. Le Seigneur s'adresse à cette église et dit:

> "Moi je reprends et je corrige tous ceux que j'aime. Aie donc du zèle et repens-toi!"

(Apocalypse 3:19)

L'amour de Dieu n'est pas fait de sensibleries romanesques, mais il est terre à terre. Si nous nous éloignons de ses voies, et si nous sommes désobéissants, son amour s'exprime par la réprimande et la correction, et il nous ordonne de nous repentir. Une fois encore, nous avons le problème d'essayer d'obtenir les promesses de Dieu en passant outre la condition de repentance primordiale, ce qui est une séduction.

J'ai lu récemment le commentaire suivant d'un enseignant de la Bible britannique: "Certains chrétiens prennent l'expression "Dieu est amour" et la mette à l'envers, "l'amour est Dieu", signifiant ainsi que rien n'est mauvais, pourvu que cela le soit dans l'amour. Cependant, tout amour qui vient se mettre entre nous et Dieu est un amour illégitime."

L'identité du Saint-Esprit

Dans tout ce que nous partageons à propos de ce phénomène mondialement répandu, il est, je le crois, une question centrale, sous-jacente et souvent occultée. En fait, nous la saisissons très rarement. C'est la question de l'identité du Saint-Esprit. Comment, en effet, reconnaître le Saint-Esprit? Qui est-il? Comment reconnaître son action? Comment le différencier d'autres esprits?

J'ai lu récemment cette déclaration faite par une adepte du nouvel âge: "Lorsque le Saint-Esprit viendra, alors ce sera la période du nouvel âge." Je suis persuadé que vous comprenez parfaitement que cette personne ne parle pas du même Saint-Esprit qui inspire la Bible. Voilà l'un des nombreux indices montrant qu'il existe une contrefaçon de l'Esprit saint.

Ce n'est pas un fait nouveau que Satan produise des contrefaçons. Du temps de Jésus à nos jours, l'Histoire nous parle d'un certain nombre de faux messies qui se sont levés parmi le peuple juif. Tous ont eu des successeurs. Certains, comme Sabbetai zi, ont eu une influence largement répandue et durable. Le dernier d'entre eux est décédé en 1994.

Une autre contrefaçon se retrouve dans l'emploi de "la Sainte Vierge Marie". Toute l'attention et les titres dont on l'a affublée font qu'elle ne ressemble plus à la servante juive humble qui est devenue la mère de Jésus, et plus tard celle de ses frères et sœurs. Cependant, au fil des siècles, cette contrefaçon a retenu la dévotion de millions de chrétiens sincères.

Nous devons nous tenir sur nos gardes afin de ne pas entretenir une contrefaçon du Saint-Esprit. Je vous suggère trois manières d'identifier l'Esprit saint et de le reconnaître vraiment.

Dans mon livre "Effervescence dans l'Eglise" se trouve décrite une première façon que je vais de nouveau vous citer: "Un autre danger menace ceux qui œuvrent dans le domaine surnaturel, c'est la tentation d'employer les dons spirituels afin de manipuler, exploiter ou dominer les gens. A une époque de mon ministère, je me suis trouvé en train de chasser les esprits de sorcellerie des personnes qui fréquentaient l'église. J'ai alors demandé au Seigneur de me révéler la vraie nature de la sorcellerie. Je crois qu'il m'a donné la définition suivante: "La sorcellerie, c'est essayer de contrôler les gens et de les faire agir selon votre volonté au moyen d'esprits qui ne sont pas le Saint-Esprit." Une fois que j'ai eu assimilé cela, le Seigneur a ajouté: "Et si quelqu'un a un esprit qu'il utilise, ce n'est pas le Saint-Esprit. Le Saint-Esprit est Dieu, et personne ne peut se servir de Dieu."

Cela est très important. Le Saint-Esprit est Dieu, et personne ne manipule Dieu. J'ai ensuite continué en disant:

"Aujourd'hui, je tremble intérieurement lorsque je vois ou entends quelqu'un affirmer avoir des dons spirituels qu'il emploie selon son désir. Ce n'est pas un hasard si de telles personnes sont prises dans les filets d'erreurs doctrinales sérieuses."

Il est important de comprendre qu'il existe une différence entre le Saint-Esprit lui-même, en tant que personne, et les dons du Saint-Esprit. Dans Romains 11:29, Paul dit que "les dons de Dieu sont irrévocables", c'est-à-dire qu'une fois donné, Dieu ne reprend pas le don qu'il a fait. Nous sommes libres de l'utiliser, de ne pas l'utiliser ou de mal l'utiliser. Cependant, même s'il nous arrive de mal l'employer, Dieu ne le reprend pas pour autant. Autrement, ce ne serait pas un don authentique, mais un prêt sous condition.

C'est un fait que les gens emploient mal les dons du Saint-Esprit. Paul fournit un exemple dans 1 Corinthiens 13:1 :

> "Quand je parlerai les langues des hommes et
> des anges, si je n'ai pas l'amour, je suis du
> bronze qui résonne ou une cymbale qui
> retentit."

Il est évident que le Saint-Esprit n'est pas une cymbale qui retentit. Le don de parler en langues, mal utilisé, produit un son creux et dissonant. Cela se produit malheureusement très souvent dans les milieux pentecôtistes et charismatiques.

Je crois qu'il est possible de mal employer d'autres dons spirituels tels que la parole de connaissance ou le don de guérison. Cela se produit lorsqu'une personne veut employer un don spirituel pour parvenir à un objectif ou promouvoir un mouvement religieux qui n'est pas en harmonie avec la volonté de Dieu. Un autre abus évident serait pour le gain personnel. Dans une telle situation, notre sauvegarde est de reconnaître le Saint-Esprit en tant que personne et de le différencier de ses dons. En effet, le premier fait concernant le Saint-Esprit, et de loin le plus important, est qu'il est Dieu. Il nous faut lui accorder la même révérence qu'à Dieu.

Le deuxième fait concernant le Saint-Esprit est qu'il est serviteur de Dieu le Père et de Dieu le Fils. Voici qui éclaire de manière extraordinaire la haute valeur du service auquel est appelé tout disciple de Christ. Bien des gens aujourd'hui trouvent que le fait d'être serviteur est une condition moindre ou dévalorisante. Cependant je trouve merveilleux que la notion de service n'a pas son origine sur la terre. Elle est née dans l'éternité et a commencé avec Dieu. Dieu le Saint-Esprit est serviteur du Père et du Fils. Cela ne le diminue en rien, ni le fait inférieur à Dieu. C'est un fait à admettre, qui donne un sens à son action et à son œuvre sur terre. Dans Jean 16:13-14, Jésus nous laisse entrevoir le ministère et l'action du Saint-Esprit:

> "Quand il sera venu, lui, l'Esprit de vérité, il vous conduira dans toute la vérité; car ses paroles ne viendront pas de lui-même, mais il parlera de tout ce qu'il aura entendu et vous annoncera les choses à venir. Lui me glorifiera, parce qu'il prendra de ce qui est à moi et vous l'annoncera."

Nous voyons que l'Esprit saint ne parle pas de lui-même. Il n'annonce pas de message qui lui soit propre. Il nous rapporte ce qu'il entend du Père et du Fils. De plus, son objectif n'est pas de se rendre gloire à lui-même, ni d'attirer l'attention sur lui, mais de toujours montrer Jésus et de le glorifier. Voici donc une deuxième façon d'identifier le Saint-Esprit.

Maintenant, je vous demande de prêter une grande attention à ce qui suit: tout esprit qui centre l'attention sur le Saint-Esprit et lui rend gloire n'est pas le Saint-Esprit. Cela est contraire à sa nature même et à son objectif sur terre. Une fois que vous aurez bien saisi cela, vos yeux s'ouvriront sur bien des choses qui se produisent dans l'Eglise et qui semblent difficiles à comprendre.

Nous avons par exemple un chœur louant le Père, le Fils et l'Esprit. Le premier couplet dit du Père: "Glorifie ton nom sur toute la terre." Le deuxième dit du Fils: "Glorifie ton nom sur toute la terre." Le troisième dit de l'Esprit: "Glorifie ton nom sur toute la terre." J'aime chanter les deux premiers couplets, mais je ne chante pas le troisième, car je crois qu'il n'est pas en accord avec l'Ecriture. Le Saint-Esprit ne glorifie jamais son propre nom. Son objectif est de glorifier celui qui l'a envoyé.

Je vais vous faire une autre déclaration qui va vous surprendre. Je n'ai trouvé nulle part dans l'Ecriture un exemple de prière adressée à l'Esprit saint. De ce que je comprends, personne, dans l'Ecriture, n'a jamais prié le Saint-Esprit. Il serait bon que vous vérifiez vous-même, mais j'ai soigneusement cherché, et je n'ai trouvé aucun exemple dans ce sens.

Vous vous demandez peut-être: "Pourquoi cela?" Ma réponse est que nous nous trouvons devant "le protocole" divin. De nos jours, nous attachons si peu d'importance au protocole dans les affaires humaines que nous ne réalisons même pas qu'il en existe un dans les cieux. Le protocole définit la relation maître-serviteur. Lorsque le serviteur du maître de maison vous sert, vous ne vous adressez pas au serviteur, mais au maître de maison. On demande au maître de maison de dire à son serviteur ce qu'il doit faire. Il serait maladroit de commander directement le serviteur en présence de son maître, dont c'est en fait le rôle.

Je pense que ce protocole a cours dans les cieux. Lorsque nous comprenons la relation entre le Saint-Esprit, Dieu le Père et Dieu le Fils, nous comprenons que nous ne donnons jamais d'ordre à l'Esprit saint. Lorsque nous désirons son action en notre faveur, nous adressons donc notre demande au Père ou au Fils.

En lisant Ezéchiel 37 à ce sujet, j'ai d'abord pensé ce passage était une exception. Il s'agit de la vision concernant la vallée des ossements desséchés et sans vie. Ezéchiel a d'abord prophétisé, puis les ossements se sont assemblés mais sont demeurés sans vie. Puis dans les versets 9 et 10 il est écrit:

> "Il me dit: Prophétise et parle à l'Esprit, prophétise, fils de l'homme! Tu diras à l'Esprit: Ainsi parle le Seigneur, l'Eternel: Esprit, viens des quatre vents, souffle sur ces morts, et qu'ils revivent! Je prophétisai selon l'ordre qu'il m'avait donné. Et l'Esprit vint en eux, ils reprirent vie et se tinrent sur leurs pieds. C'était une très très grande armée."

Je pensais que "le souffle" était vraiment une image du vent, ou de l'Esprit saint et que, ainsi, Ezéchiel priait le vent. Mais il ne priait pas, il prophétisait. Et cela ne venait pas de lui-même. Il répétait simplement à l'Esprit l'ordre qu'il avait reçu de Dieu lui-même. Donc, après analyse, j'ai découvert qu'il n'y a nulle part dans l'Ecriture d'exemple de prière adressée à l'Esprit saint.

Sans vouloir en faire grand cas, je pense qu'il est nécessaire et important de discerner la nature et le ministère du Saint-Esprit. Nous pouvons nous dire: "Dieu n'entend-il pas de toute manière lorsque nous prions le Saint-Esprit?" Je pense qu'il entend, mais cette prière ne s'accorde pas pleinement au protocole divin. Si nous désirons sincèrement plaire au Seigneur et lui montrer notre respect, nous respecterons aussi son protocole.

Le troisième fait important concernant le Saint-Esprit est, comme l'indique son nom, sa sainteté. Son titre est, en hébreu, "l'Esprit de sainteté". Il a d'autres titres comme l'Esprit de grâce, l'Esprit de vérité, l'Esprit de force, etc., mais ceux-ci sont secondaires. Son nom et son titre principal sont le Saint-Esprit. Tout ce qui n'est pas saint ne peut avoir pour origine le Saint-Esprit.

L'Ecriture nous parle de la beauté de la sainteté. Il existe une beauté dans la sainteté lorsqu'elle a pour origine l'Esprit saint. C'est une beauté intérieure, personnelle. Dans 1 Pierre 3:4, l'apôtre parle de la parure de la beauté cachée du cœur et de la pureté incorruptible d'un esprit doux et tranquille qui est d'un grand prix devant Dieu. Ce n'est pas de beauté extérieure dont il est question, mais de beauté intérieure venant de l'Esprit saint. J'accentuerais même mes propos en disant que tout ce qui est profane ou laid ne peut avoir pour origine le Saint-Esprit.

Je vous propose une liste de douze adjectifs et leurs corollaires qui, je le crois, ne peuvent avoir un seul point commun avec le Saint-Esprit. Et je suggère que vous vérifiiez cette liste avec moi:

1) orgueilleux, qui s'élève au-dessus de tout, arrogant, vaniteux,
2) vulgaire, grossier,
3) imposteur, simulateur, qui feint, qui trompe,
4) insensible, indifférent,
5) insensé, étourdi,
6) avili, dégradé,

7)   autoritaire, impérieux, qui revendique son droit,
8)   impoli, mal élevé, brusque,
9)   indécent, inconvenant,
10)   stupide, lourd, niais, buté,
11)   léger, désinvolte, frivole,
12)   avilissant, dégradant.

J'ai à cœur, Dieu le permettant, d'écrire à ce sujet un livre que j'intitulerai "La sainteté n'est pas une option". Je pense que ce titre parle de lui-même. La sainteté dans la vie chrétienne n'est pas un choix d'option. Bien des chrétiens semblent croire que la sainteté est comme lorsque nous achetons une voiture: les sièges de cuir sont une option par rapport aux sièges de simple tissu. Il n'en est pas ainsi; la sainteté est une partie essentielle du salut. Dans Hébreux 12:14, l'auteur de cette épître nous exhorte à "rechercher la paix avec tous, et la sanctification sans laquelle personne ne verra le Seigneur". Quel serait le salut s'il ne nous menait pas à voir le Seigneur? Or sans sainteté, nul ne verra le Seigneur.

Notre christianisme occidental contemporain nous donne une image incomplète du salut. "Si je suis sauvé et né de nouveau, c'est bien! Je peux marcher en sainteté de vie, mais c'est un supplément." Je veux vous avertir que votre salut dépend de votre conduite et de l'état de sainteté intérieur. Et cette dernière ne vient que de l'Esprit saint.

Beaucoup de caractéristiques de ces prétendus mouvements de l'Esprit peuvent être prises en exemple pour montrer leur aspect profane. Je vais vous parler plus particulièrement du comportement de l'homme imitant un animal et qui l'attribue à l'action de l'Esprit saint. Nous remarquons beaucoup de comportements de ce genre. Certains m'ont été rapportés, et j'ai été témoin d'autres.

Tout d'abord aucun passage de l'Ecriture ne montre l'Esprit saint poussant un être humain à se comporter comme un animal. Nous avons l'exemple de Balaam, mais dans ce cas c'est l'inverse; Dieu permet à l'âne de Balaam de parler comme un être humain. Cependant, il n'a pas poussé Balaam à braire comme un âne!

Il y a un homme, Neboukadnetsar, que Dieu a abaissé à se conduire comme un animal; nous lisons cela dans Daniel 4:30:

> "Il fut chassé du milieu des hommes, il mangea de l'herbe comme les bœufs, son corps fut trempé de la rosée du ciel; jusqu'à ce que ses cheveux poussent comme les plumes des aigles, et ses ongles comme ceux des oiseaux."

Cela était bien le jugement de Dieu, et non sa bénédiction!

Apocalypse 4:6-8 décrit quatre êtres vivants entourant le trône de Dieu. Trois d'entre eux représentent le monde animal: un lion, un veau et un aigle. Cependant aucun n'émet des bruits exprimant leur nature animale. Tous proclament la sainteté de Dieu dans un discours pur et clair.

Il est important de comprendre qu'il y a un ordre dans la création de Dieu. L'homme a été créé à l'image et à la ressemblance de Dieu, afin d'exercer l'autorité sur le monde animal (lire Genèse 1:26). L'homme est en fait l'ordre le plus élevé de la création décrit dans les premiers chapitres de la Genèse. Cela témoigne de la manière dont l'Esprit saint nous bénit. Il élève ceux qu'il bénit. Il fera qu'un animal agisse comme un être humain parfois, mais il n'abaissera jamais un être humain en le forçant à se comporter en animal.

J'ai une certaine expérience dans ce domaine, car j'ai rencontré bien des esprits animaliers en Afrique. Je me souviens particulièrement d'un service de délivrance en

Zambie où se trouvaient réunis sept mille Africains. Une fois que j'ai eu fini d'enseigner la Parole, j'ai commencé à ordonner aux esprits malins de se manifester et de sortir. De nombreuses personnes ont été délivrées à l'instant d'esprits animaliers. Par esprit animalier, je veux dire des esprits malins, démoniaques, qui s'emparent de l'homme et le forcent à se conduire en animal. Le premier signe a été lorsqu'un homme ayant un esprit de lion a essayé de me charger; mais il a été immobilisé et n'est pas parvenu à m'atteindre.

Il faut que vous sachiez que beaucoup d'indigènes dans cette région d'Afrique en particulier sont de bons chasseurs. Et, selon leur superstition, pour chasser avec succès un animal, il faut s'en approprier l'esprit. Ainsi le chasseur tend à avoir en lui l'esprit de l'animal qu'il veut capturer. Un indigène chassant par exemple un lion s'appropriera l'esprit de lion.

Nous avons eu affaire à beaucoup d'Africains possédés par l'esprit de sanglier, qui fouillaient la terre de leur nez, comme le ferait cet animal. Beaucoup d'Africaines aussi se convulsaient au sol sur leur ventre et glissaient comme des serpents, car elles étaient sous l'emprise d'esprits de serpents. J'ai vu cela de mes propres yeux.

Un autre esprit, dont un couple missionnaire a été témoin et m'en a fait ce récit par la suite, est l'esprit d'éléphant qui avait pris possession d'une femme charmante, chrétienne et enseignante, et dont le mari était chasseur d'éléphants. J'ai fait sa connaissance par la suite. Lorsqu'elle est venue demander à ce couple aide et délivrance, ils ont commandé à l'esprit d'éléphant de sortir. A l'instant cette femme s'est jetée sur ses mains et ses pieds, a passé la porte ouverte en chargeant et a cogné son front contre un arbuste afin de le briser ou de le déraciner. L'esprit d'éléphant en elle la forçait à se comporter comme le font ces animaux, en renversant les arbres avec leur front.

Cela semble incroyable à certains chrétiens du monde occidental, et ils trouveraient une explication, disant: "Notre sœur renverse cet arbre pour Jésus!" Cela n'est pas du tout la bonne explication. L'esprit d'éléphant en elle la forçait à agir comme le font les éléphants en général, c'est-à-dire à renverser les arbres à l'aide de leur front. Dès qu'elle a été délivrée de cet esprit, un tel comportement ne s'est plus reproduit.

En Occident, nous disons parfois des Africains qu'ils sont proches de la nature, et nous avons tendance à nous considérer très éduqués et très modernes. Cependant, dans le domaine des esprits malins, c'est nous qui, en Occident, sommes peu éduqués et informés, et ce sont les Africains qui le sont. Ils ont vécu durant des générations avec de tels esprits et, jusqu'à la venue de l'Evangile avec la puissance du nom de Jésus et de la parole de Dieu, ils n'avaient aucun pouvoir d'être libérés. Béni soit Dieu de leur avoir donné ce pouvoir de libération maintenant.

On m'a rapporté également le cas de personnes se comportant comme un chien. Je suis content de prendre cet exemple, car j'aime les chiens; mais je suis convaincu qu'ils doivent garder leur place, et je ne crois pas que l'Esprit saint pousse un homme à aboyer comme cet animal!

Lorsque nous nous trouvons face à de telles manifestations, il est bon de connaître la manière de les traiter, car ce sont des comportements intolérables. Nous ne pouvons passer outre et, comme une mauvaise ménagère cachant les miettes sous le tapis, faire comme si de rien n'était.

Dans Matthieu 12:33, Jésus nous instruit ainsi:

"Dites que l'arbre est bon et que son fruit est

bon, ou dites que l'arbre est mauvais et que
son fruit est mauvais, car on connaît l'arbre à
son fruit."

Là où se trouvent de mauvais fruits, l'arbre est
également mauvais. Se débarrasser des mauvais fruits n'est
pas suffisant. Il faut aussi couper l'arbre qui les produit. Si
nous n'agissons pas immédiatement, l'arbre continuera à
produire d'autres mauvais fruits.

Nul doute que celui qui a un comportement animalier
de cette sorte est lié à l'occultisme ou à des pratiques
païennes. Nous rencontrons ces manifestations de
comportement animalier dans certaines régions d'Afrique et
de l'Inde.

Pour couper l'arbre, il faut que les responsables et les
anciens de l'église identifient le problème, le confessent en
tant que péché et s'en repentent. La Bible ne laisse nulle part
supposer que Dieu pardonne les péchés que nous n'avons pas
la volonté de confesser.

Quelqu'un a dit: "La confession doit être aussi
complète que la transgression." Si des pasteurs ont toléré ces
choses dans leurs assemblées, ils doivent confesser ce péché
devant l'assemblée et en être libérés. Autrement cette
influence dangereuse, ces mauvais fruits, se reproduiront tant
que l'arbre ne sera pas coupé.

Pour terminer, je vous propose une sorte de parabole
de mon cru, qui concerne mon épouse et moi-même. Dans ce
récit, ma femme représente le Saint-Esprit et je représente
Dieu. Attention! Cela est un simple récit allégorique, et j'ai
parfaitement conscience que le Saint-Esprit n'est pas l'épouse
de Dieu. Ayant précisé cela, passons à la parabole

Un ami vient me dire: "Je vous ai vus tous les deux
sur l'estrade l'autre jour, et votre femme semblait si belle, si
fraîche, remplie de l'Esprit saint!" Je réponds: "Merci. C'est

vraiment ce qu'elle est!" Puis un peu plus tard cet homme vient me dire: "Hier, j'ai vu votre femme dans un bar, buvant avec un autre homme." Je réponds: "Ce n'était pas ma femme. Ma femme est pure et sainte. Elle ne fréquente pas les bars et ne boit pas avec les étrangers. Elle était avec moi toute la journée d'hier. Ne parlez pas ainsi de mon épouse!" Mais plus tard, cet homme revient et me dit: "Vous savez, hier j'ai vu votre femme en monokini, prenant un bain de soleil sur la plage!" Alors je me mets franchement en colère et je lui dis: "Ma femme n'était à aucun moment proche de la plage hier, et elle ne s'exposerait jamais ainsi! Si vous voulez que nous restions amis, il vous faudra arrêter d'identifier mon épouse à cette femme immorale et frivole, car c'est pour elle, comme pour moi, une insulte! Si vous voulez rester mon ami, vous devez changer votre manière de parler de mon épouse."

De même, si vous voulez rester l'ami de Dieu, vous ne pouvez vous permettre d'assimiler son Esprit saint à quelque chose de vaguement inutile, d'immoral, de laid ou de profane, car cela met Dieu dans une profonde colère.

Lisons encore Matthieu 12:31-32, où Jésus dit:

> "C'est pourquoi je vous dis: Tout péché et tout blasphème sera pardonné aux hommes, mais le blasphème contre l'Esprit ne sera point pardonné. Quiconque parlera contre le Fils de l'homme, il lui sera pardonné, mais quiconque parlera contre le Saint-Esprit, il ne lui sera pardonné ni dans ce siècle ni dans le siècle à venir."

Voici un avertissement solennel et effrayant. Jésus lui-même nous avertit d'être très prudent de la manière dont nous parlons de l'Esprit saint et comment nous le représentons. Jésus emploie le mot "blasphème" qui, dans le lexique grec, signifie "parler à la légère de ce qui est sacré". Aussi en parlant à la légère, ou de travers, au sujet du Saint-Esprit, ou en donnant à autrui une mauvaise représentation de la personne du Saint-Esprit, par définition, vous êtes proche du blasphème.

Si cela vous est déjà arrivé, ou si vous êtes sujet à le faire, ou encore êtes proche de ceux qui le font, je vais vous donner un conseil sincère: il faut vous repentir et régler ce problème devant Dieu une fois pour toutes, et ne plus être coupable de dénaturer et mal représenter le Saint-Esprit de Dieu. Car le Saint-Esprit est saint et il est Dieu.

DEUXIÈME PARTIE

DU DOMAINE TERRESTRE À CELUI DE L'ÂME ET À CELUI DES DÉMONS

Après avoir analysé au mieux ce que je considère être un problème dans l'Eglise, je vais maintenant étudier selon l'Ecriture la manière dont il a surgi et ensuite vous présenter cinq exemples survenus au cours de ces cinquante dernières années dans le mouvement charismatique.

Je pense que, si nous pouvons analyser le problème, nous pouvons alors mieux l'éviter. C'est donc de manière pratique que je parlerai.

Comprendre la personnalité humaine

Si nous ne comprenons pas ce dont nous sommes faits, nous nous mettrons en difficulté. La personnalité humaine complète est, je le crois, exposée dans 1 Thessaloniciens 5:23-24:

> "Que le Dieu de paix vous sanctifie lui-même tout entiers; que tout votre être, l'esprit, l'âme et le corps, soit conservé sans reproche à l'avènement de notre Seigneur Jésus-Christ! Celui qui vous a appelés est fidèle, et c'est lui qui le fera."

"Tout entiers" signifie "notre esprit, notre âme et notre corps". Dans Genèse 1, il est écrit que Dieu a décidé de créer l'homme à sa propre image et à sa ressemblance. Son image se réfère à son apparence extérieure, et il existe quelque chose dans l'apparence extérieure de l'homme qui reflète l'apparence extérieure de Dieu. Ce qui me fait dire qu'il était évident que le fils de l'homme est manifesté dans la forme d'un être humain masculin. Il n'aurait pu venir sous la forme d'un taureau ou d'un scarabée, car dans un sens l'être humain masculin représente l'image de l'apparence externe de Dieu:

"L'homme ne doit pas se voiler la tête, puisqu'il est l'image et la gloire de Dieu…" (1 Corinthiens 11:7).

Ensuite, il est question de ressemblance. Je crois que celle-ci se réfère à la structure intérieure de la divinité, composée du Père, du Fils et de l'Esprit. A cette ressemblance a été créé l'homme, étant une unité en trois parties composée d'un esprit, d'une âme et d'un corps. L'homme, de manière unique, représente Dieu dans la création, sur laquelle ce dernier lui a donné la domination, et cela tant dans son apparence extérieure que dans sa composition interne.

Nous laisserons de côté l'apparence extérieure pour nous pencher sur la structure interne de l'être humain qui est composée de l'esprit, de l'âme et du corps. Nous pouvons trouver l'origine de chacune de ces parties à la genèse de la création. L'esprit vient du souffle que Dieu a insufflé en l'homme. Lorsque Dieu a soufflé en Adam, il en a résulté l'esprit d'Adam. Le mot pour "esprit" et "souffle" est le même tant en hébreu qu'en grec. Le corps était d'argile vivifié par la vie divine. L'âme a été le résultat de l'union de l'esprit et du corps. C'est l'âme la partie difficile à comprendre. C'est l'ego, unique et individuel, ce qui en soi fait dire: "Je veux" ou: "Je ne veux pas." Il est composé de la volonté, des émotions et de l'intellect (la pensée, le raisonnement). Ainsi, l'être humain dit: "Je veux", "je pense", "j'ai le sentiment de…" Voilà la nature de l'âme. Ceux qui sont séparés de Dieu par le péché sont dominés par leur âme. La vie et les actes de l'homme naturel sont contrôlés par ces trois "JE": "Je veux, je pense, j'ai le sentiment de…"

Considérons maintenant le résultat du péché en Adam et Eve. D'abord l'esprit s'est éteint. Dieu dit à Adam dans Genèse 2:17:

"Le jour où tu en mangeras, tu mourras."

Adam n'est pas mort physiquement avant neuf cents ans, mais il est mort spirituellement au moment même où il a désobéi à Dieu. Son âme est devenue rebelle. Il nous faut penser que chaque descendant d'Adam, homme ou femme, a en lui la nature de la rébellion. C'est là notre unique grand problème. Pour cette raison, avoir nos péchés simplement pardonnés n'est pas suffisant, bien que cela soit merveilleux. La nature rebelle doit aussi être mise à mort et c'est l'œuvre à laquelle pourvoit l'Evangile. Lisons deux passages de l'épître aux Ephésiens se référant à ces deux conditions: la mort de l'esprit et la rébellion de l'âme. Dans Ephésiens 2:1-3, parlant à des croyants qui marchaient en nouveauté de vie en Christ, Paul dit:

"Vous étiez morts par vos offenses et par vos péchés (non pas morts physiquement, mais spirituellement; et c'est la nouvelle naissance qui rend à la vie), dans lesquels vous marchiez autrefois, selon le train de ce monde, selon le prince de la puissance de l'air (Satan), de l'esprit qui agit maintenant dans les fils de la rébellion. Nous tous aussi (et cela inclut Paul), nous étions de leur nombre, et nous vivions autrefois selon les convoitises de notre chair, accomplissant les volontés de la chair et de nos pensées, et nous étions par nature des enfants de colère, comme les autres."

Voici brossé le tableau de l'humanité entière en rébellion contre Dieu et par là même de sa mort dans le péché et l'iniquité. C'est le résultat du péché. L'esprit meurt, l'âme devient rebelle envers son créateur. La Bible dit que le corps devient corruptible, c'est-à-dire qu'il est soumis à la maladie, à la vieillesse et à la mort. Comme je l'ai précisé, la mort physique d'Adam n'advient pas avant neuf cents ans. Je crois que, lorsqu'il a désobéi, Adam est devenu sujet à ce que la Bible nomme "la première mort". Le Nouveau Testament parle ensuite de "la seconde mort" (Apocalypse 20:6, 14) qui est, je crois, la séparation définitive de l'esprit et de l'âme rebelle d'avec Dieu.

De la rébellion au salut

Que se passe-t-il lors de notre expérience du salut? Notre esprit est rendu à la vie. Nous sommes de nouveau vivants en esprit en Christ. Lisons Ephésiens 2:4-6:

"Mais Dieu, qui est riche en miséricorde à cause du grand amour dont il nous a aimés, nous qui étions morts par nos offenses, nous a rendus à la vie avec Christ – c'est par grâce que vous êtes sauvés –, il nous a ressuscités ensemble, et nous a fait asseoir ensemble dans les lieux célestes, en Jésus-Christ…"

Dieu nous rend à la vie, et ce n'est pas tout. Nous ne pouvons l'approfondir ici, mais il nous a aussi ressuscité et assis dans les lieux célestes. Tout cela est écrit au passé composé. S'il nous est donc possible de le comprendre et de l'accepter, spirituellement, nous sommes assis avec Christ dans les lieux célestes. Cependant, pour revenir à mon sujet, je veux souligner que nous avons été vivifiés, rendus à la vie!

L'âme, par la repentance, est maintenant réconciliée à Dieu. Il est important de souligner l'acte de repentance. Une âme rebelle ne peut être réconciliée à Dieu aussi longtemps qu'elle est dans un état de rébellion. Un aspect du salut est justement d'abandonner par la repentance notre état intérieur de rébellion. Bien des personnes proclamant être nées de nouveau et sauvées n'ont en fait jamais renoncé à leur rébellion intérieure. Elles ont une forme extérieure de christianisme, mais la réalité intérieure est différente. Lisons Romains 5:1:

> "Etant donc justifiés par la foi, nous avons la
> paix avec Dieu par notre Seigneur Jésus-
> Christ."

Nous étions en guerre contre Dieu. Maintenant nous avons été justifiés par la foi – nous avons la paix avec Dieu. Puis au verset 11 il est dit:

> "Et non seulement cela, mais encore nous
> nous glorifions en Dieu par notre Seigneur
> Jésus-Christ, par qui maintenant nous avons
> obtenu la réconciliation."

Nous étions en guerre contre Dieu et nous avons été réconciliés.

Qu'advient-il au corps au travers de l'expérience du salut? Il devient le temple du Saint-Esprit. C'est très important de saisir cela. Beaucoup de chrétiens ne réalisent pas que leur corps est le temple du Saint-Esprit et qu'il doit être traité avec respect. Dans 1 Corinthiens 6:19-20, Paul commence par une question: "Ne savez-vous pas...?, qu'il répète au moins six fois. C'est mon observation qu'à chaque fois qu'il dit: "Ne savez-vous pas...?", la plupart des chrétiens ne le savent pas.

> *"Ne savez-vous pas que votre corps est le temple du Saint-Esprit qui est en vous, que vous avez reçu de Dieu, et que vous ne vous appartenez point à vous-mêmes? Car vous avez été rachetés à grand prix. Glorifiez donc Dieu dans votre corps et dans votre esprit, qui appartiennent à Dieu."*

Résumons les changements qui adviennent lors du salut:

- Notre esprit est vivifié, rendu à la vie.
- Notre âme est réconciliée avec Dieu.
- Notre corps devient le temple du Saint-Esprit et parviendra ainsi à la première résurrection.

Dans Philippiens 3:10-11, Paul dit que notre corps connaîtra alors la première résurrection et que cela est le but de la vie chrétienne:

> "... afin de connaître Christ, et la puissance de

sa résurrection, et la communion de ses souffrances, en devenant conforme à lui dans sa mort, pour parvenir, si je puis, à la résurrection d'entre les morts."

L'expression "résurrection d'entre les morts" ne signifie pas "la résurrection finale et complète", mais "celle qui est propre aux vrais croyants". Je suis impressionné par le fait que Paul ne la prend pas pour acquise. Il dit: "Mon but est de vivre de telle manière que je sois trouvé digne de la première résurrection." De même, nous ne pouvons considérer comme acquise la première résurrection, car cela dépend de la manière dont nous traversons la vie présente.

Voyons maintenant quelles sont les fonctions des trois parties composant la structure de l'être humain. L'esprit, tout d'abord, est capable de communier directement avec Dieu et d'adorer. C'est la partie de l'homme qui a son origine en Dieu et lui répond par la communion et l'adoration. C'est ce qu'établit 1 Corinthiens 6:17, verset très important:

"Mais celui qui s'attache au Seigneur est avec lui un seul esprit."

Mon opinion est qu'il serait incorrect de dire "une seule âme". C'est bien "un seul esprit". En regardant le contexte, Paul donne l'exemple d'un homme uni à une prostituée, ce qui est une union physique, mais il parle d'une union spirituelle. Cette image montre qu'il s'agit vraiment d'une union. Et seul l'esprit peut être uni à Dieu. Ni l'âme ni le corps ne le peuvent. C'est pour cette raison que seul l'esprit est capable d'adoration véritable. Jésus dit, dans Jean 4:23-24:

"Mais l'heure vient, et elle est déjà venue, où les vrais adorateurs adoreront le Père en esprit et en vérité; car ce sont là les adorateurs que le Père demande."

Quelle déclaration étonnante! Le Dieu tout-puissant, créateur de l'univers, cherche des adorateurs! Puis Jésus ajoute:

"Dieu est esprit, et il faut que ceux qui l'adorent l'adorent en esprit et en vérité."

L'esprit est l'élément qui, en nous, a la capacité d'adoration. L'âme est capable de louer et de remercier Dieu, mais je crois que seul l'esprit peut offrir à Dieu l'adoration qui est acceptable. L'âme, en fait, est l'élément qui prend les décisions et, au travers de la régénération, elle acquiert la capacité de prendre les décisions justes. David dit dans le Psaume 103:1:

"Mon âme, bénis l'Eternel!"

Il parlait à son âme. Son esprit en lui sentait le besoin de bénir le Seigneur, mais il ne pouvait le faire sans que son âme veuille mettre en mouvement son corps. Ainsi l'esprit anime le corps par le moyen de l'âme chez le croyant né de nouveau. Nous reviendrons sur ce sujet, car le Nouveau Testament parle d'un corps charnel et d'un corps spirituel.

Pour prendre un exemple très pratique, je dirais que l'âme est comme le levier de vitesses d'une voiture. Vous vous installez au volant, mettez le contact, mais pour que le véhicule avance, il faut enclencher la première vitesse. Le levier de vitesse, c'est l'âme. L'esprit est là, mais il ne peut faire mouvoir le véhicule sans l'aide de l'âme.

Mon but est de vous amener à distinguer ce qu'est l'esprit et ce qu'est l'âme. Ce n'est pas aisé. En fait, il n'existe qu'un moyen sûr et efficace de le faire, que nous lisons dans Hébreux 4:12:

> "Car la parole de Dieu est vivante et efficace, plus tranchante qu'une épée quelconque à deux tranchants, pénétrante jusqu'à partager âme et esprit, jointures et moelles; elle juge les sentiments et les pensées du cœur."

Remarquez l'expression "pénétrante jusqu'à partager". La parole de Dieu est le seul instrument suffisamment sensible et aiguisé capable de trancher, de séparer l'âme de l'esprit.

Nous ne pouvons comprendre les fonctions de l'âme et de l'esprit et leur interaction qu'à la lumière de la parole de Dieu. Nous ne pouvons compter sur notre compréhension propre, nos sentiments intimes dans ce domaine; ils ne sont pas fiables. Seule la parole de Dieu discerne, suivant les deux conditions citées dans Hébreux 5:13-14, où il est question du chrétien mûr et éprouvé, et du chrétien immature, comme un enfant:

> "Or quiconque en est au lait n'a pas l'expérience de la parole de justice; car il est un enfant."

Ceux qui se nourrissent de lait sont les bébés et les enfants.

> "Mais la nourriture solide est pour les hommes faits (ou mûrs), pour ceux dont le jugement est exercé par l'usage (ou la pratique, l'expérience) à discerner ce qui est bien et ce qui est mal."

En d'autres termes, le discernement n'est pas inné en nous. Il s'acquiert en marchant selon le conseil de Dieu par sa Parole. Si nous vivons comme les bébés vivent de lait, nous ne pouvons avoir la capacité de discernement. Si nous avons dépassé ce stade, nous sommes encore trop jeunes pour discerner, à moins de vivre selon la Parole, en la mettant en pratique.

Je vous mets au défi de vous remettre en question et de vous demander: "Est-ce que j'exerce le discernement spirituel dans ma vie?" Je peux dire cela de ma vie dans une certaine mesure. Lorsqu'une situation particulière se présente à moi, je sors "mon antenne spirituelle" et je me demande quelles sont les forces spirituelles à l'œuvre dans une situation donnée. Lorsque j'écoute un sermon, non seulement j'écoute les paroles, mais je cherche à discerner l'esprit qui est transmis au travers de ces paroles.

Cela ne s'acquiert que par la pratique. Si vous avancez sans précaution ou négligemment, vous n'aurez pas la capacité de discerner. Je crois qu'il faut exercer le discernement dans chaque situation. Je pense qu'il s'agit d'une partie de notre vie spirituelle aussi importante que la prière. Le contraire nous conduirait vers de réels problèmes.

Discerner entre le charnel et le spirituel

Nous avons pour "esprit" le mot grec "pneuma" duquel dérive par exemple le nom "pneumatique", parce que "pneuma" signifie "souffle", "vent", "esprit", qui donne l'adjectif "spirituel".

Le mot grec pour "âme" est "psuche" duquel dérive les termes tels que "psychologique", "psychiatre", "psychosomatique". Un psychiatre, par exemple, est un médecin de l'âme – "-iatre" signifie en grec "qui soigne".

Si dans la langue française le mot "âme" s'emploie aisément, l'adjectif qui en dérive n'existe pas. Cependant nous le rencontrons dans d'autres langues comme le danois, le norvégien, le hollandais, le suédois ou l'allemand. L'adjectif grec "psuchikos", qui signifie "qui appartient à l'âme", n'a pas de traduction en français, comme en anglais du reste.

Ces deux adjectifs, "pneumatikos" et "psuchikos", apparaissant plusieurs fois dans le Nouveau Testament, je vais tenter d'établir la différence entre ce qui est "spirituel" et "ce qui appartient à l'âme".

L'adjectif "psuchikos" s'appliquant au corps physique est souvent traduit par "naturel", "charnel", "sensuel", "qui appartient au monde" ou "qui a la pensée du monde". A moins de cerner le sens de ces traductions délicates, nous ne pouvons faire une claire distinction entre le "spirituel" et le "naturel" (qui vient de l'âme). Voyons trois exemples où "psuchikos" s'applique au corps physique dans 1 Corinthiens 15:44 (où il est employé deux fois) et 46. A mon sens, Paul expliquant la résurrection aux Corinthiens dit:

> "Semé corps naturel ("psuchikos", naturel, de l'âme), on ressuscite corps spirituel ("pneumatikos", de l'esprit). S'il y a un corps naturel (de l'âme), il y a aussi un corps spirituel (de l'esprit)."

Vous remarquerez ce contraste constant entre "ce qui est de l'âme" et "ce qui est de l'esprit". S'il y a un corps naturel, il y a aussi un corps spirituel. Puis au verset 46 Paul dit:

> "Le spirituel n'est pas le premier, c'est ce qui est naturel; ce qui est spirituel vient ensuite."

Notre corps actuel est "naturel" (selon l'âme); notre corps ressuscité sera "spirituel". Cela signifie que nous n'aurons alors plus besoin de "levier de vitesses". Notre esprit décidera simplement du lieu où nous nous rendrons, de ce que nous dirons, de ce que nous ferons. Il en sera ainsi. Le corps sera contrôlé directement par l'esprit.

Ezéchiel 1 nous décrit des créatures qui sont représentées avec leur corps spirituel. C'est extraordinaire, car cela nous permet de savoir qu'à la résurrection nous aurons un corps comme celui de Jésus. Nous nous dirigerons selon la volonté de notre esprit, sans être sous la dépendance des désirs de l'âme. Dans Ezéchiel 1:12, parlant des chérubins, le prophète dit:

> "Chacun marchait droit devant soi; ils allaient
> où l'esprit les poussait à aller, et ils ne se
> tournaient point dans leur marche."

Ils ont un corps spirituel et vont là où l'esprit les dirige. Puis au verset 20:

> "Ils allaient où l'esprit les poussait à aller."

Je comprends ce passage de la manière suivante: un corps spirituel est un corps directement motivé et contrôlé par l'esprit. C'est votre voiture, dont vous mettez le contact et qui se dirige où vous le désirez, à la vitesse voulue, sans que vous vous souciiez du levier de vitesses.

Voici donc trois cas où "psuchikos" est employé en relation avec un corps, et où la traduction est délicate. Voyons maintenant les autres passages où l'on retrouve le mot "psuchikos" et notons d'ores et déjà qu'ils présentent une situation conflictuelle entre "ce qui est de l'âme" et "ce qui est de l'esprit". Lisons 1 Corinthiens 2:14-15:

"Mais l'homme naturel ("psuchikos", suivant la vie de son âme) ne reçoit pas les choses de l'Esprit de Dieu, car elles sont une folie pour lui, et il ne peut les connaître, parce que c'est spirituellement qu'on en juge. L'homme spirituel, au contraire, juge de tout, et il n'est lui-même jugé par personne."

L'homme dirigé par son âme n'est donc pas en harmonie avec l'Esprit. Il ne peut recevoir les choses de l'Esprit. Il ne peut les comprendre. Vous pouvez expliquer cela à l'intellectuel le mieux instruit et éduqué, il n'a pas la capacité de comprendre ce qui ressort du domaine de l'Esprit, parce qu'il vit uniquement dans le domaine de l'âme. Cela montre bien l'opposition entre le "spirituel" et le "naturel".

Dans Jude 1:19, parlant d'hommes ayant jeté le trouble dans l'église, l'auteur de l'épître dit:

"Les voilà, les fauteurs de divisions, les êtres charnels dépourvus de l'Esprit." (Notez le "E" majuscule)

Nous voyons de toute évidence qu'ils sont membres de l'église, puisqu'ils y provoquent la division. Nous avons donc dans l'église à la fois des croyants "spirituels" et des croyants se dirigeant "selon leur âme".

Du profane au charnel et au démoniaque

Lisons à présent Jacques 3:15, verset vraiment significatif sur lequel je vais m'arrêter longuement. Evoquant une certaine forme de sagesse, Jacques dit:

"Cette sagesse n'est pas celle qui vient d'en

haut; mais elle est terrestre, charnelle, démoniaque."

A présent, nous sommes arrivés à la conclusion que "charnel" est "psuchikos", c'est-à-dire "du domaine de l'âme". Il existe une forme de sagesse qui vient de l'âme. Le déclin se fait en trois étapes: d'abord selon le monde, ensuite selon l'âme, enfin le démoniaque. Je crois que c'est la stratégie principale dont se servent les démons pour miner l'œuvre de Dieu, le peuple de Dieu et l'Eglise de Dieu; c'est au travers de cette dégradation du terrestre au charnel et au démoniaque.

Considérons le domaine terrestre. Pour un chrétien, je crois que cela signifie que sa vision est complètement limitée à cette terre. Il ne peut voir au-delà d'elle. Tout ce qu'il espère de Dieu au travers du salut, ce sont des choses qui appartiennent à ce monde et à cette vie: la prospérité, la guérison, le succès, le pouvoir, et bien plus sans doute. Tout cela est, je crois, du domaine de l'âme.

Je vais prendre quelques exemples de personnages qui n'étaient pas "terrestres". Ils sont tous cités dans Hébreux 11. En fait, nous pourrions en un mot dire de ces saints qu'ils n'étaient ni sous l'influence de leur âme ni sous celle du monde. Voici juste deux exemples parmi eux. Dans Hébreux 11:9-10, il est question d'Abraham:

"C'est par la foi qu'il vint s'établir dans la Terre promise comme en un pays étranger, habitant sous des tentes, ainsi que Isaac et Jacob, héritiers avec lui de la même promesse. Car il attendait la cité qui a de solides fondations, celle dont Dieu est l'architecte et le constructeur."

Abraham était en Terre promise; il savait qu'elle lui était promise, mais elle ne lui appartenait pas et jamais il n'y a vécu comme si elle était sienne. Il n'a jamais acheté de maison, il a toujours vécu sous une tente qui se déplace facilement. Notez le contraste avec Lot qui s'est séparé d'Abraham et a tourné son visage vers Sodome. Les habitants de cette ville étaient de grands pécheurs devant le Seigneur et extrêmement mauvais. Lot est allé là où son visage s'était tourné. Ensuite nous le retrouvons non plus se dirigeant vers Sodome, mais habitant Sodome, dans une maison, et non plus sous une tente. Je pense que, dans un sens, Lot représente l'homme de Dieu terrestre, qui vit dans le monde.

Mais Abraham avait une vision qui dépassait le temps et tendait vers l'éternité. Il attendait la cité qu'il n'avait jamais vue mais qui, il le savait, serait un jour son foyer. Je crois que Dieu s'attend que nous, chrétiens, soyons ainsi, que nous ne nous sentions pas à l'aise chez nous sur cette terre. Lorsque nous nous sentons très à l'aise dans ce monde-ci, c'est que nous sommes devenus "charnels".

Un autre exemple est Moïse. Lisons Hébreux 11:27:

"C'est par la foi qu'il quitta l'Egypte sans craindre la fureur du roi; car il tint ferme, comme voyant celui qui est invisible."

Laissez-moi vous suggérer qu'ici se trouve la clé de l'endurance. Endurer, résister avec patience, c'est voir au-delà du temps, de cette vie présente semée d'épreuves, de frustrations et de déceptions. Ce qui nous fait résister avec patience, c'est la vision qui nous projette au-delà du temps.

Il y a bien d'autres exemples de personnages bibliques comme Abraham et Moïse qui n'étaient pas de ce monde. L'apôtre Paul fait cette remarquable déclaration dans

1 Corinthiens 15:19, à laquelle nous devrions réfléchir sérieusement:

> "Si c'est dans cette vie seulement que nous espérons en Christ, nous sommes les plus malheureux de tous les hommes (les plus à plaindre)."

C'est une remarque bien étonnante! Si notre foi chrétienne ne s'ouvre que sur une honorable vue matérialiste, nous sommes en effet bien pitoyables et bien à plaindre! Je dois dire, et je veux le faire avec grâce, qu'une grande partie de l'enseignement donné dans les églises est centrée sur les bontés que Dieu accorde aux croyants dans cette vie présente. Ceux-ci se croient prospères et dans la droite ligne du succès; mais Dieu les considère pitoyables. C'est une vérité fondamentale. Les chrétiens des générations avant la Première Guerre mondiale avaient conscience du fait que le monde n'était pas leur foyer. Mais après la guerre, bien des chrétiens ont perdu cette notion et vivent maintenant comme si nous appartenions vraiment à ce monde. Nos pensées, nos ambitions, nos projets sont centrés sur les soucis de notre temps. Nous sommes attachés à ce monde.

Lorsque nous devenons conformes à ce monde, quelle est l'étape suivante? Nous devenons "charnels". L'essence de l'âme, c'est l'ego, le "je". Etre "charnel", c'est être égocentrique, se soucier d'une seule personne: soi. Le croyant charnel se demande sans cesse: "En quoi ceci ou cela me profite-t-il?" Le croyant spirituel, lui, se demande: "En quoi puis-je glorifier Dieu?" Je pense que vous serez d'accord avec moi pour dire – et j'espère ne pas être cynique – que beaucoup de croyants sont dirigés au gré de leur ego et de leur âme dans l'Eglise aujourd'hui.

Puis ce domaine charnel ouvre la porte à celui des démons. Lorsque vous agissez selon la volonté de votre âme et que vous demeurez à ce niveau, vous êtes exposé à leur œuvre. De telles situations permettent en effet aux démons d'infiltrer le peuple de Dieu et son œuvre. Je vais vous donner cinq exemples qui se sont produits au cours de ce siècle.

Juste avant, nous allons voir deux personnages de l'Ancien Testament qui ont glissé du domaine terrestre à celui du charnel, puis du domaine charnel à celui des démons. C'étaient deux personnes très honorables. La première est Aaron. Dans Exode 32:1-10, nous voyons ce grand sacrificateur oint et consacré fabriquer un veau d'or. Moïse se trouve au sommet de la montagne et le peuple ne l'a pas vu depuis quarante jours:

> "Le peuple vit que Moïse tardait à descendre de la montagne; alors le peuple s'assembla autour d'Aaron et lui dit: Lève-toi, fais-nous des dieux qui marchent devant nous, car ce Moïse, cet homme qui nous a fait monter du pays d'Egypte, nous ne savons pas ce qui lui est arrivé."

La phrase importante ici est: "L'homme qui nous a fait sortir d'Egypte." En fait, ce peuple a perdu la vision de Dieu; il se cherche et recentre sur des conducteurs humains. Cela, et j'en suis persuadé, mène inévitablement à l'idolâtrie. Lorsque nous perdons notre vision de Dieu et que nous nous recentrons sur les serviteurs de Dieu, nous sommes en grand danger.

Aaron répond au peuple:

> "Défaites les anneaux d'or qui sont aux

oreilles de vos femmes, de vos fils et de vos filles, et apportez-les-moi. Et tous les gens du peuple se défirent des anneaux d'or qui étaient à leurs oreilles et les apportèrent à Aaron. Il reçut l'or de leurs mains, le façonna avec le burin et fit un veau en métal fondu. Puis ils dirent: Israël! Les voici tes dieux qui t'ont fait monter du pays d'Egypte. Lorsque Aaron vit cela (voilà une description remarquable: "lorsque Aaron vit son propre veau"), il bâtit un autel devant lui et s'écria: Demain, il y aura fête en l'honneur de l'Eternel!"

J'ai du mal à comprendre comment Aaron a pu faire cela. Mais s'il a pu le faire, vous et moi le pouvons également. Nous ne sommes pas meilleurs que lui. La plupart d'entre nous n'atteignent même pas son envergure.

Puis il est dit:

"Le lendemain, ils se levèrent de bon matin, et ils offrirent des holocaustes et des sacrifices d'actions de grâces. Le peuple s'assit pour manger et pour boire; puis ils se levèrent pour se divertir."

C'est là la nature même de l'idolâtrie, lorsque notre adoration devient une représentation. Nous jouons un rôle. Nous avons glissé du spirituel au charnel, et l'étape ultime est le démoniaque. Ce n'est pas que je veuille critiquer, mais je dois dire que la plupart de ce qui se nomme adoration dans le mouvement charismatique n'en est pas du tout. C'est souvent du réflexe égocentrique: "Seigneur, guéris-moi! Seigneur, bénis-moi! Seigneur, fais-moi ceci, fais-moi cela!" C'est centré sur soi, c'est du domaine charnel. Seul l'esprit peut se focaliser directement sur Dieu.

La plupart des musiques jouées dans l'Eglise aujourd'hui répondent aux désirs de l'âme et la stimulent. Elles ressemblent beaucoup à celles jouées dans le monde pour stimuler les sens. Je ne suis pas musicien et je ne chante pas trop juste, mais j'ai une sensibilité qui saisit l'impact de la musique. J'ai vécu cinq ans en Afrique et j'ai conscience que les thèmes et les rythmes répétitifs peuvent insensibiliser, et à l'extrême, en augmentant le volume sonore, faire perdre toute capacité de discernement. En Afrique, ces musiques rythmées servent à entrer en transe et à appeler les démons.

Nous sommes étonnés de la différence complète entre l'attitude du peuple lorsque Dieu lui a parlé des cieux et celle qu'il a eue juste deux mois plus tard. Voilà un renversement total. Dans Exode 20, lorsque le peuple a reçu la révélation unique de Dieu, telle qu'aucune autre nation ne l'avait jamais eue, il a réagi avec respect, crainte et révérence. Nous lisons dans Exode 20:18-21, après que Dieu, du haut de la montagne, a énoncé les dix commandements:

"Tout le peuple observait le tonnerre, les éclairs, le son du cor et la montagne fumante. A ce spectacle le peuple tremblait et se tenait dans l'éloignement. Ils dirent à Moïse: Parle-nous toi-même, et nous écouterons, mais que Dieu ne nous parle pas, de peur que nous ne mourions. Moïse dit au peuple: Soyez sans crainte, car c'est pour vous mettre à l'épreuve que Dieu est venu, et c'est pour que vous ayez pour lui de la crainte, afin de ne pas pécher. Le peuple se tenait dans l'éloignement; mais Moïse s'approcha de la nuée où était Dieu."

Les Israélites étaient si impressionnés par la sainteté et la majesté de Dieu qu'ils ont dit: "Moïse, nous ne pouvons pas écouter davantage cette voix. Ecoute-la pour nous, et nous écouterons ce que tu nous diras." Cependant, en moins de deux mois, ils avaient glissé de cette attitude à celle qui consiste à vouloir un veau d'or à adorer, et à voir en Moïse, et non en Dieu, la personne qui les avait fait sortir d'Egypte.

Dans 1 Corinthiens 10:5-7, parlant des expériences vécues par Israël lors de sa sortie d'Egypte, Paul dit:

> "Mais la plupart d'entre eux ne furent pas agréables à Dieu, puisqu'ils tombèrent morts dans le désert. Or ce sont là des exemples pour nous, afin que nous n'ayons pas de mauvais désirs, comme ils en ont eus. Ne devenez pas idolâtres, comme certains d'entre eux, selon qu'il est écrit: Le peuple s'assit pour manger et pour boire; puis ils se levèrent pour se divertir."

Que s'est-il passé? Leurs besoins physiques satisfaits, l'estomac plein et le corps vêtu chaudement, ils ont cherché un peu de divertissement. "Divertissons-nous à présent! Dansons!" Je suis très inquiet lorsque l'adoration devient représentation, divertissement. Aujourd'hui nous rencontrons beaucoup cela. L'adoration n'a rien à voir avec le divertissement. Le divertissement dit: "Excite-moi! Procure-moi des sensations! Assouvis mes désirs!" Tout cela au profit de l'âme. L'esprit est exclu.

Un autre exemple montrant le passage du domaine spirituel à celui de l'âme, puis à celui des démons est encore plus effrayant. Il se trouve dans Lévitique 9:23 à 10:2. Il se situe à une époque glorieuse pour Israël. Le peuple de Dieu avait exécuté ses ordres concernant les sacrifices, et son obéissance étant complète, Dieu a envoyé sa gloire et a consumé par le feu le sacrifice sur l'autel:

"Moïse et Aaron entrèrent dans la tente de la Rencontre. Lorsqu'ils en sortirent, ils bénirent le peuple. Et la gloire de l'Eternel apparut à tout le peuple. Un feu sortit de devant l'Eternel, et consuma sur l'autel l'holocauste et les graisses. Tout le peuple le vit; ils poussèrent des cris de joie et se jetèrent face contre terre."

Une démonstration de la gloire de Dieu à la vue de tous est un feu qui a entièrement consumé le sacrifice sur l'autel. Puis suivent deux versets parmi les plus tragiques de la Bible:

"Les fils d'Aaron, Nadab et Abihou, prirent chacun un brasier, y mirent du feu et posèrent du parfum dessus; ils apportèrent devant l'Eternel du feu étranger, ce qui était en contradiction avec l'ordre de Dieu. Alors le feu sortit de devant l'Eternel et les consuma: ils moururent devant l'Eternel."

Nadab était le fils aîné d'Aaron; il devait succéder à son père et devenir grand sacrificateur. Le même feu qui a consumé le sacrifice a brûlé vif les adorateurs. Qu'est-ce qu'un "feu profane"? Je comprends qu'il s'agit d'un feu qui ne provient pas de l'autel du sacrifice ordonné par Dieu. Le "feu profane", dans notre expérience de vie, c'est l'adoration dans un esprit tout autre que le Saint-Esprit. Et la sanction, c'est la mort.

Nous lisons, dans Nombres 16:1-35, l'insurrection menée par les chefs de tribus contre Moïse dans le désert, lorsqu'ils ont pris deux cent cinquante brasiers, les ont allumés et ont dit: "Nous valons bien Aaron. Nous avons autant que lui le droit d'être sacrificateurs." Et Moïse leur a répondu: "Très bien! Présentons l'affaire à Dieu." Alors il leur a commandé de s'assembler devant Dieu avec leurs brasiers et le feu de Dieu est descendu du ciel et a consumé les deux cent cinquante hommes. La leçon pour moi est simple: chacun est responsable de ce que contient son brasier. Vous êtes responsable de l'état d'esprit dans lequel vous vous approchez de Dieu.

Ce n'est pas que vous allez être consumé par le feu, mais les jugements de Dieu sont souvent exemplaires. En d'autres termes, Dieu n'a pas jugé par exemple chaque ville où régnait l'homosexualité comme il l'a fait pour Sodome et Gomorrhe. Mais son jugement sur ces deux cités a été exemplaire: il montre à jamais ce qu'est l'homosexualité aux yeux de Dieu.

De même, lorsque Ananias et Saphira ont tenté par leur offrande de tricher avec Dieu, tous deux sont tombés morts, car ils s'étaient montrés meilleurs qu'ils n'étaient vraiment devant Dieu et l'assemblée (Actes 5). Chaque croyant agissant ainsi ne décède pas. S'il en était ainsi, il y aurait beaucoup moins de croyants dans l'Eglise. Mais l'appréciation de Dieu à cet égard ne change pas.

Ainsi se trouve faite la démonstration du danger d'approcher Dieu avec ce qui s'appelle "un feu profane": tout esprit qui n'est pas le Saint-Esprit. Et je considère que cela est très réel.

Voyons l'application donnée par le Nouveau Testament dans Hébreux 12:28-29, sans oublier que les épîtres sont destinées aux chrétiens, et non aux non-croyants:

"C'est pourquoi, puisque nous recevons un royaume inébranlable, ayons de la reconnaissance, en rendant à Dieu un culte qui lui soit agréable, avec piété et avec crainte. Car notre Dieu est aussi un feu dévorant."

Je me demande quelle mesure de "crainte" de Dieu, de "révérence", nous rencontrons aujourd'hui dans l'Eglise. Dans combien d'assemblées trouvons-nous la crainte de la présence de Dieu?

J'ai rencontré récemment un ami qui est pasteur en Angleterre et voici ce qu'il m'a dit: "Je vois des gens qui parlent de Dieu comme s'il était quelqu'un qu'ils avaient rencontré au café!" Nous avons cette relation de copinage avec Jésus. Il nous invite à l'intimité et la communion, mais nous ne devons jamais perdre le sens de la révérence de Dieu. C'est là la racine même des problèmes dont nous avons parlé.

Pour revenir un moment aux mouvements spirituels contemporains que je viens de décrire, je pourrais facilement dire qu'ils ont démarré de manière authentique et spontanée dans le Saint-Esprit. Une partie venait de l'Esprit saint, mais c'est devenu un mélange. Certaines choses sont de Dieu et d'autres ne le sont pas.

Pourquoi? Quel est le problème? Ma réponse est que nous sommes passés vers une manière de vivre les choses d'une façon naturelle, qui vient de l'âme: une descente glissante d'un recentrage sur Dieu à une focalisation sur soi, de la vérité biblique objective à l'expérience personnelle subjective.

Bien trop souvent, le sens de révérence et de crainte envers la sainteté de Dieu a été remplacé par la frivolité et la désinvolture qui ne sont pas bibliques. En fait, je dirais que la désinvolture est devenue une maladie endémique du mouvement charismatique contemporain. Si nous en sommes coupables, il faut nous en repentir.

Dieu m'a convaincu de désinvolture plus d'une fois; j'ai confessé ce péché et m'en suis repenti. Il faut mettre une garde sur nos lèvres et contrôler nos propos. Charles Finney a dit un jour: "Dieu ne se sert pas d'un bouffon pour réveiller les consciences." L'une des caractéristiques du Saint-Esprit est de convaincre de péché, de justice et de jugement (Jean 16:8). Si les gens ne sont pas convaincus de péché, il nous faut alors nous demander si le Saint-Esprit est bien à l'œuvre dans ce cas.

Comment se protéger

Dieu nous procure-t-il une protection contre cette forme d'erreur? Oui! Mais il faut d'abord comprendre que celle-ci attaque l'âme en premier, bien que l'esprit soit affecté par la suite. C'est donc elle qu'il faut protéger. La protection de Dieu pour notre âme a un fondement unique et complet: le sacrifice de Jésus sur la croix. Dans Matthieu 16:24-25, Jésus dit:

> "Si quelqu'un veut venir après moi, qu'il renonce à lui-même, qu'il se charge de sa croix et qu'il me suive. Quiconque en effet voudra sauver sa vie (littéralement "son âme") la perdra, mais quiconque perdra sa vie (littéralement "son âme") à cause de moi la trouvera."

Voici le paradoxe divin. Pour sauver (protéger) notre âme, il nous faut la perdre. Avant de pouvoir suivre Jésus, il faut passer par deux étapes. D'abord se renier soi-même, dire une bonne fois pour toutes "Non!" à notre ego qui réclame sans cesse pour lui-même son droit et son aise. Ensuite prendre sa croix. Nous devons accepter le jugement de mise à mort que nous impose la croix. Prendre chacun sa croix est une décision volontaire et personnelle. Dieu ne l'impose pas.

Si nous n'appliquons pas ce principe de la croix dans notre vie personnelle, nous ouvrons une porte à l'influence démoniaque, car le danger demeure de voir notre ego non crucifié répondre aux flatteries attirantes des démons de la séduction. L'orgueil est la sphère principale de notre caractère que cible Satan, et la flatterie est le levier qu'il emploie pour se frayer une entrée.

Nous devons mettre en pratique, en application, la croix dans notre vie. Dans Galates 2:20, Paul dit:

> "Je suis crucifié avec Christ, et ce n'est plus moi qui vis..."

Nous devons chacun nous demander: Cela est-il vrai dans ma vie? Suis-je vraiment mis à la croix avec Christ chaque jour de ma vie ou mes motivations sont-elles dirigées par mon égocentrisme, mon âme insoumise?

Beaucoup de chrétiens aujourd'hui trouvent cette solution trop radicale. Ils se demandent si c'est vraiment la seule manière de se protéger de la séduction et de l'erreur. Ils voient Paul comme "un supersaint" qu'ils ne parviendront jamais à imiter. Cependant celui-ci ne se voit pas de cette manière. En tant qu'apôtre, son ministère était unique, et sa relation personnelle avec Christ est un modèle à suivre. Dans 1 Timothée 1:16, il dit:

> "Mais il m'a été fait miséricorde, afin qu'en moi le premier, Jésus-Christ montre toute sa patience, pour servir d'exemple à ceux qui

croiront en lui pour la vie éternelle."

De nouveau, dans 1 Corinthiens 11:1 il dit:
"Soyez mes imitateurs, comme je le suis moi-même de Christ."

La seule alternative à la croix est de se mettre à la place de Christ. Et cela est de l'idolâtrie et ouvre la voie aux conséquences mauvaises, malsaines et démoniaques qui accompagnent invariablement l'idolâtrie.

La croix est le cœur et le centre de la vie chrétienne. Sans la croix proclamée et appliquée, le christianisme se trouve sans fondement et ses exigences n'ont plus de valeur, ne sont plus nécessaires. Il devient en fait une fausse religion et, en tant que telle, comme toute fausse religion, il est exposé inévitablement aux infiltrations démoniaques et à la séduction.

Cinq mouvements en dérive

Voyons à présent cinq exemples de mouvements issus du courant charismatique qui ont tous fait naufrage. Je précise que j'ai été, d'une manière ou d'une autre, en contact avec eux.

Peu après la Seconde Guerre mondiale, un réveil de l'Esprit saint s'est produit au Canada, à Saskatchewan, qu'on a appelé The Latter Rain (la pluie de l'arrière-saison). Ce réveil a eu un impact puissant et beaucoup de Nord-Américains s'y sont joints. Dans son essence, ce mouvement a vu la restauration complète des dons du Saint-Esprit.

Par la suite, j'ai connu un bon chrétien. Il m'a décrit ce qui lui était arrivé à Saskatchewan: "Les réunions, m'a-t-il dit, duraient neuf heures sans interruption. Nul ne songeait seulement à faire une petite pause de temps à autre pour se rafraîchir." Que s'est-il passé? Le prédicateur est devenu orgueilleux, sûr de lui, et il est tombé dans l'immoralité; ce faisant, il a jeté le discrédit sur les dons de l'Esprit.

Plus tard, de 1957 à 1962, j'étais missionnaire rattaché aux Eglises pentecôtistes (Pentecostal Assemblies) au Canada, église très attachante, mais où les dons n'étaient pas mis en pratique. Aussi un jour j'ai demandé: "Pourquoi n'exercez-vous pas les dons spirituels?" Leur réponse a été: "Le mouvement The Latter Rain les a tous eus!" Ils voulaient dire, en d'autres termes, que c'était impossible pour eux maintenant et qu'ils craignaient surtout de faire les mêmes erreurs. Vous pouvez voir une tactique de Satan à l'œuvre dans ce cas qui consiste à jeter le discrédit sur tout ce qui est bon comme les dons lorsqu'ils sont malheureusement bien mal employés.

Puis il y a eu The Manifested Sons (les fils de Dieu manifestés), groupe puissant qui a fait sien le verset biblique: "Toute la création attend la manifestation des fils de Dieu." Ils chassaient les démons et ils entraient en conversation avec eux, cherchant d'eux des révélations particulières. C'est là une grave erreur, je le crois sincèrement, de chercher des informations des démons eux-mêmes. Certains membres du groupe ont cru qu'ils avaient déjà reçu leur corps ressuscité, théologie outrancière. Deux d'entre eux ont été tués dans un accident d'avion et Dieu leur a demandé: "Où est votre corps ressuscité maintenant?" Mais au départ, ils étaient de vrais serviteurs de Dieu.

Il y a encore eu The Children of God (les enfants de Dieu), qui ont pris plus tard le nom de The Family (La famille), conduits entre autres personnes par Linda Meisner.[3] C'était une femme engagée au service de Dieu avec un vrai

---

[3] N.d.l.r.: Mouvement créé par Moïse David. Il s'est ensuite appelé Famille d'amour.

désir d'atteindre la jeunesse américaine. Mais l'orgueil l'a rendue dominatrice et manipulatrice. Beaucoup d'adolescents du mouvement ont subi son influence. Elle les a coupés de leurs relations familiales et surtout de leurs parents, et cela a été un désastre. Mais je crois qu'au départ elle était sincère.

Il y a encore eu William Branham, que j'ai connu un peu vers la fin de son ministère. Je me suis trouvé deux ou trois fois sur la même estrade que lui. C'était un homme humble et doux, très attachant. Son ministère de la parole de connaissance était remarquable, presque légendaire, je dirais. Personne ne l'a surpris à donner une fausse parole de connaissance. J'étais avec lui à une réunion à Phoenix en Arizona. Il a vu une femme dans l'auditoire et a dit: "Vous n'êtes pas ici pour vous-même, mais pour votre petit-fils." Puis il lui a dit son nom, son adresse dans la cité de New York. Nous étions presque à trois mille kilomètres de cette ville à ce moment-là! Malheureusement, après avoir exercé son don deux ou trois fois, il s'est écroulé et les hommes de son groupe ont dû l'emporter. Il a donné pour explication que, comme Jésus, "une puissance était sortie de lui". Mais Jésus ne s'est pas écroulé. Je crois que l'Esprit saint n'était pas à l'œuvre dans ce cas, mais que c'était bien plutôt démoniaque.

Plus tard encore, j'étais un ami proche de Ern Baxter qui a enseigné un certain temps la Parole aux réunions évangéliques de William Branham. Ern aimait très fraternellement Branham et il a vraiment eu le cœur brisé par ce qui s'est produit par la suite. Un jour il a réuni notre petit conseil restreint de prédicateurs et a dit: "Je vais vous parler de Branham, mais à vous uniquement, car je veux que vous sachiez certaines choses." Aujourd'hui toutes les personnes impliquées ne sont plus de ce monde, ou presque, et je me sens libre de partager ce que Ern nous a dit de Branham: "Il avait deux esprits en lui; l'un était l'Esprit de Dieu, l'autre ne l'était pas." Un jour qu'il était avec Ern, Branham lui a affirmé qu'il pouvait, par la puissance en lui, faire bouger le plafonnier de la pièce.

Je crois que Branham a marché avec Christ jusqu'à la fin de sa vie, mais les gens qui l'entouraient l'exploitaient. Bien qu'il ne se donnât pas le titre d'"'Elie", il a permis à ceux qui le suivaient de le faire. Il a été tué dans un accident de voiture provoqué par un chauffard ivre. Ses amis ont embaumé son corps pour le conserver jusqu'à Pâques, persuadés qu'il ressusciterait. Mais il n'est pas ressuscité!

Quand il était sous l'onction du Saint-Esprit, il était imbattable. Un jour, un homme démonisé est venu l'attaquer pendant une réunion. Branham lui a commandé de s'agenouiller et de demeurer ainsi jusqu'à la fin du message. L'homme est resté dans cette position pendant toute la durée du sermon. Le mieux que nous pouvons dire, c'est que la fin de Branham est décevante.

Puis il y a eu le groupe The Discipleship, encore appelé The Shepherding Movement (le mouvement des bergers). J'y étais personnellement et de manière proche, et je peux dire que le démarrage de ce mouvement a eu une intervention divine. Il y avait avec moi trois autres prédicateurs, Bob Mumford, Charles Simpson et Don Basham. Nous étions ensemble à une convention au beau milieu de laquelle nous avons découvert que notre hôte, directeur et organisateur de la convention, était un homosexuel pratiquant. Nous nous sommes alors demandés: "Que faire à présent?" Nous nous sommes réunis dans une chambre du motel où nous séjournions. Nous nous sommes agenouillés devant Dieu dans la prière et, lorsque nous nous sommes relevés, il était clair que, sans en avoir débattu ensemble, sans même en avoir eu le souhait, sans prière particulière à ce sujet, Dieu venait de nous unir tous les quatre dans son œuvre.

Cependant, en dépit de cela, il a fallu une bonne année pour en voir les effets. Mon opinion est que les intérêts personnels et les ambitions ont pris le dessus. L'un voulait être le responsable, l'autre monopoliser le pupitre, etc., et j'étais l'un d'eux. De cette expérience, je peux affirmer qu'il n'y a pas de plus grand problème dans l'Eglise aujourd'hui que l'ambition personnelle dans le ministère.

De plus, il n'y avait pas de "vrai renouvellement de la pensée". Nous avancions sur les anciens chemins religieux traditionnels. Ceux qui ne nous aimaient pas disaient: "En fait, vous êtes une dénomination!" Et notre responsable pouvait bien affirmer le contraire, lui et son groupe, selon la logique inexorable des principes spirituels, sont effectivement devenus une dénomination.

Le fond du problème était qu'il n'y avait pas un vrai renouvellement de la pensée. Nous restions fixés sur les méthodes traditionnelles de l'Eglise. Et je ne crois pas qu'elles sont justes. Je pense qu'il faut un vrai renouvellement de la pensée afin de s'aligner avec les desseins de Dieu. Voici donc la liste de ces cinq mouvements:

- The Latter Rain (la pluie de l'arrière-saison)
- The Manifested Sons (les fils de Dieu manifestés)
- The Children of God (les enfants de Dieu)
- William Branham (le mouvement de William Branham)
- The Discipleship/Shepherding Movement (le mouvement des bergers)

Enfin je voudrais souligner que les deux points communs à ces mouvements ont été l'orgueil et un mélange d'esprits. Mais en premier l'orgueil, le péché le plus dangereux à mon avis. Un prédicateur a dit: "L'orgueil est le seul péché dont le diable ne vous fera pas sentir coupable!" Proverbe 16:18 dit:

"L'orgueil précède le désastre (en anglais: "la destruction") et un esprit arrogant précède la chute."

Remarquez que, contrairement au dicton "l'orgueil précède la chute", la Bible affirme que "l'orgueil précède la destruction". Ne vous entêtez donc pas sur le chemin de l'orgueil et faites demi-tour, car la fin serait la destruction. Et je vous parle autant qu'à moi-même!

Quant au second point commun à ces cinq mouvements, le mélange d'esprits, de vérité et d'erreur, de l'Esprit saint et d'autres esprits, il mène sur une pente glissante des soucis de ce monde au centrage sur soi, son âme, son ego, ce qui ouvre toute grande la porte aux démons.

Souvenez-vous que le croyant charnel est centré sur lui-même, sur son ego. Dans 2 Timothée 3:1-5 est décrite la condition de l'humanité à la fin de cet âge, qui représente les temps que nous vivons. Paul fait une liste de dix-huit péchés et manquements moraux:

"Sache que (c'est la seule fois où Paul prend un ton si catégorique. Il dit: "Soyez absolument sûrs de cela...") dans les derniers jours, surgiront des temps difficiles..."

L'adjectif grec employé pour "difficiles" est encore utilisé dans Matthieu 8:28 où sont décrits deux démoniaques "très furieux" (littéralement "farouches") qui sont venus à Jésus. Aujourd'hui nous sommes dans ces temps farouches, redoutables, périlleux. Nous ne pouvons pas prier que les temps soient changés, parce que Dieu dit: "Sache que ces temps sont farouches." Nous ne pouvons pas les changer, mais nous pouvons demander au Seigneur de nous y préparer.

Paul dresse donc la liste des dix-huit péchés et manquements moraux:

> "Car les hommes seront égoïstes, amis de l'argent, fanfarons, orgueilleux, blasphémateurs, rebelles à leurs parents, ingrats, sacrilèges, insensibles, implacables, calomniateurs, sans frein, cruels, ennemis des gens de bien, traîtres, impulsifs, enflés d'orgueil, aimant leur plaisir plus que Dieu..."

Cette énumération commence et se termine sur trois faits qu'aiment les hommes: l'amour de soi (l'égoïsme), l'amour de l'argent et l'amour des plaisirs. Mais la racine en est bien l'amour de soi. C'est ce qui permet aux puissances du mal de s'installer dans l'âme. Le danger est d'être centré sur soi, de se dire: "Qu'est-ce que Dieu va faire pour moi?" ou encore "En quoi cette bonne action m'est-elle profitable?"
Puis il continue au verset 5:

> "Ils garderont la forme extérieure de la piété, mais ils en renieront la puissance. Eloigne-toi de ces hommes-là!"

Ces hommes, porteurs de ces dix-huit conditions morales horribles, ont une forme extérieure de piété. Ils ne sont pas des non-croyants, ils ne sont pas des athées. Je ne crois pas que Paul a jamais employé le mot "piété" en dehors du contexte chrétien. Ces hommes affirment donc être des chrétiens. Quel est le problème? C'est l'amour de soi, l'égoïsme, qui ouvre le chemin à tous les autres problèmes. Etre centré sur soi conduit à une vie double, à un mélange dans sa vie.

Ce mélange dans la vie provoque la confusion et ensuite la division, parce qu'une partie est bonne et l'autre mauvaise; l'une est vraie et faite de vérité, l'autre est faite d'erreurs. Voici comment nous y réagissons: certains remarqueront l'erreur et rejetteront aussi la vérité; d'autres remarqueront la vérité et accepteront aussi l'erreur. La confusion s'installera et sera suivie par la division. Les croyants s'engageront avec agressivité dans l'une ou l'autre voie provoquées par ce mélange. Nous n'avons pas le droit de tolérer cela. La réponse au problème du mélange est la vérité, la vérité pure et non frelatée de la parole de Dieu!

J'ai été un jour le seul témoin d'un accident de la circulation devant chez nous, aux Etats-Unis, et l'on m'a demandé de témoigner. Avant de le faire, on m'a demandé de "dire la vérité, toute la vérité et rien que la vérité"! C'est la norme établie par le tribunal séculier. A plus forte raison devons-nous, en tant que chrétiens, affirmer la vérité, toute la vérité et rien que la vérité!

TROISIÈME PARTIE

QUATRE PROTECTIONS EFFICACES

Proclamons les trois derniers versets du Psaume 19 dans la version d'Osterwald révisée:

"Qui connaît ses fautes commises par erreur? Pardonne-moi mes fautes cachées. Préserve aussi ton serviteur des péchés d'orgueil; qu'ils ne dominent point sur moi; alors je serai intègre et innocent de grands péchés. Que les paroles de ma bouche et la méditation de mon cœur te soient acceptables, ô Eternel, mon rocher et mon rédempteur!"

Dans la première partie de cet enseignement, j'ai décrit un problème que je considère très sérieux; dans la deuxième, j'ai tenté de fournir une explication biblique sur la manière dont ce problème a surgi. Dans cette troisième et dernière partie, je vous propose quatre protections en accord avec la Parole pour éviter une telle mésaventure.

Protection 1

Nous la trouvons dans 1 Pierre 5:5-6:

"Dieu résiste aux orgueilleux, mais il donne sa grâce aux humbles. Humiliez-vous donc

sous la puissante main de Dieu, afin qu'il
vous élève en temps voulu."

La première nécessité est de s'humilier. La Bible dit
que Dieu résiste à l'orgueilleux. Si vous essayez d'entrer dans
sa présence l'orgueil au cœur, vous pousserez la porte pour la
forcer et, de son côté, Dieu pressera également, mais pour la
garder fermée! Et il poussera bien plus fort que vous! Nulle
part dans la Bible Dieu dit qu'il nous humiliera. Il met sur
nous la responsabilité de le faire devant lui. C'est une
décision que nous devons prendre et que personne ne prendra
pour nous. Les gens peuvent prier pour nous et nous
annoncer la Parole, mais la décision de s'humilier sous la
main puissante de Dieu nous revient et, en son temps, Dieu
nous relèvera.

J'ai déjà dit que l'orgueil est, selon moi, le seul grand
problème commun et destructeur. Nous avons vu que
l'orgueil mène à la destruction. Si nous ne nous détournons
pas de notre chemin d'orgueil, notre fin sera la destruction.
Cependant je trouve de l'aide et de l'inspiration dans le
Psaume 25:8-9:

"L'Eternel est bon et droit: c'est pourquoi il
montre aux pécheurs le chemin. Il fait
cheminer les humbles dans la justice, il
enseigne aux humbles son chemin."

Dans sa grâce, Dieu veut nous enseigner. Il n'enrôle
pas ses étudiants pour leurs qualités intellectuelles, mais pour
leur personnalité, leur caractère. Bien des croyants
fréquentent les séminaires, les écoles bibliques, etc., mais ne
sont pas enrôlés à l'école de Dieu, car ce dernier enrôle
uniquement celui qui est humble. Il guide dans sa justice les
humbles, il enseigne son chemin à ceux qui sont doux et

humbles de cœur. Dans la plupart des traductions modernes de la Bible, nous ne trouvons plus l'adjectif "doux". Quelle est la différence entre doux et humble? Je pense que doux se rapporte à l'expression extérieure et humble à l'attitude intérieure. De nos jours, ces deux termes s'appliquent à bien peu de personnes, et c'est la raison pour laquelle leur usage est tombé en désuétude.

Protection 2

Elle se trouve dans 2 Thessaloniciens 2:9-12:

> "L'avènement de l'impie se produira par la puissance de Satan, avec toutes sortes de miracles, de signes et de prodiges mensongers…"

Souvenons-nous toujours que Satan est capable de produire des miracles, des signes et des prodiges. J'ai souvent dit qu'un milieu bien exposé pour la venue de l'antichrist serait le mouvement charismatique, car chaque charismatique semble penser que tout ce qui est surnaturel vient de Dieu. Et cette pensée est grave, car Satan est capable de signes et de prodiges surnaturels. Alors, comment nous protéger? Le verset suivant livre la réponse:

> "… et avec toutes les séductions de l'injustice pour ceux qui périssent, parce qu'ils n'ont pas reçu l'amour de la vérité pour être sauvés."

La protection contre la séduction est "de recevoir l'amour de la vérité". C'est, là encore, un acte que nous devons faire chacun pour soi. Dieu nous l'offre, mais nous devons le recevoir, prendre et retenir l'amour de la vérité.

Maintenant, concernant ceux qui n'ont pas reçu l'amour de la vérité, le Seigneur dit:

"Aussi Dieu leur envoie une puissance d'égarement, pour qu'ils croient au mensonge, afin que soient jugés ceux qui n'ont pas cru à la vérité, mais qui ont pris plaisir à l'injustice."

Ce verset est effrayant! "Dieu leur envoie une puissance d'égarement." Et, si Dieu vous envoie une puissance d'égarement, alors vous serez vraiment égaré et errant!

En 1994 à Jérusalem – et cela est un commentaire personnel et subjectif –, je me suis réveillé au beau milieu de la nuit avec la pensée persistante que Dieu avait envoyé au gouvernement israélien élu en 1992, et alors en place, une puissance d'égarement. Je pense que tout ce qui s'est produit par la suite l'a confirmé. Si Dieu envoie une puissance de séduction, il est inutile de prier afin que de telles personnes ne soient pas séduites. Dans une telle situation, il y a deux manières de prier. D'abord que Dieu accomplisse ses desseins au travers de leur égarement, ensuite qu'il nous protège d'être pris nous-mêmes dans cette séduction.

Deux mots sont actuellement employés pour hypnotiser et manipuler les foules. L'un est "la paix" et l'autre est "l'amour". Au Moyen-Orient, comme dans le reste du monde, l'opinion publique est manipulée par "l'offre de paix". Cela implique que, si vous êtes contre, c'est vous le méchant et le mauvais. Il est évident que quiconque est contre la paix est une mauvaise personne! Donc vous vous sentez coupable si vous ne vous ralliez pas à l'opinion générale.

Mais il y a des conditions incontournables à la paix. Dans Esaïe 48:22, le prophète dit:

"Il n'y a point de paix pour les méchants."

Romains 14:17 dit:

"Le royaume de Dieu est la justice, la paix et la joie..."

Nous ne pouvons avoir la paix hors de la justice. Je rencontre beaucoup de chrétiens qui recherchent la joie. S'ils ne remplissent pas les conditions de justice, la joie ne peut leur être donnée.

Les politiciens employant le mot "paix" pour manipuler les gens les séduisent, parce que la paix ne va pas de pair avec l'injustice et les injustes.

L'autre mot au pouvoir hypnotique et manipulateur est "amour". Il s'emploie dans l'église. On y parle beaucoup de l'amour de Dieu. Dieu aime, il est bon, il est si bon. C'est vrai, mais Dieu est aussi sévère. Suivant mon expérience, et l'observation de ceux qui me sont proches, j'en viens à cette conclusion: vous ne pouvez pas vous esquiver devant Dieu. Vous pouvez penser avoir tout caché aux yeux des autres, et Dieu, en effet, peut vous avoir pardonné, mais vous devrez quand même faire face aux conséquences de vos actes. Dieu pardonne, mais ne nous libère pas automatiquement des conséquences de nos actes.

Ne vous faites pas de Dieu une image sentimentale. Ce n'est pas le Père Noël distribuant des bonbons aux enfants. Il est droiture, justice et amour. Mais il est sévère. Nul ne peut s'esquiver devant lui. N'essayez pas de le faire!

Je crois que nous utilisons l'amour aujourd'hui pour manipuler les gens. Les gens parlent de l'amour de Dieu – et

Dieu est amour, c'est vrai. Mais l'amour de Dieu s'exprime de manières surprenantes. J'ai déjà cité le passage de l'Ecriture où Jésus dit à l'église de Laodicée: "Moi, je reprends et je corrige tous ceux que j'aime." C'est cela, l'amour. Dieu est notre Père et il nous aime, mais il nous discipline aussi.

Il y a deux mauvaises manières de répondre à la discipline de Dieu. Dans Hébreux 12:5-8, voici ce qui est dit aux chrétiens:

> "Et vous avez oublié l'exhortation qui vous est adressée comme à des fils: Mon fils, ne prends pas à la légère la correction du Seigneur, et ne te décourage pas lorsqu'il te reprend. Car le Seigneur corrige celui qu'il aime, et frappe de verges tout fils qu'il agrée. Supportez la correction: c'est comme des fils que Dieu vous traite. Car quel est le fils que le père ne corrige pas? Mais si vous êtes exempts de la correction à laquelle tous ont part, alors vous êtes des enfants illégitimes et non des fils."

Il y a deux mauvaises manières de réagir à la correction. D'abord nous sommes avertis de ne pas prendre à la légère la correction. Ne haussez pas les épaules et ne dites pas: "La belle affaire!" Beaucoup de chrétiens mûrs et engagés dans la vie chrétienne pensent que Dieu ne les réprimandera plus. En fait, Dieu ne cesse pas de discipliner ses enfants.

Cette vérité est mise en lumière dans le récit de la vie de Moïse. A quatre-vingts ans, Dieu le choisit, lui donne le mandat de libérer Israël et l'envoie en Egypte. En chemin, Dieu rencontre Moïse et tente de le tuer (Exode 4:24-26). C'est extraordinaire!

Pourquoi s'est-il produit cela? Parce que Moïse n'avait pas circoncis son fils. Il avait enfreint le signe de l'alliance faite par Dieu avec Abraham et ses descendants. Aussi Dieu aurait préféré avoir Moïse mort, plutôt qu'exécutant son ministère dans la désobéissance. Parfois nous disons: "Satan me résiste." La vérité est que ce n'est pas Satan, mais Dieu. "Car Dieu résiste aux orgueilleux, mais il donne sa grâce aux humbles." (1 Pierre 5:5)

Ensuite une autre mauvaise réaction est d'être découragé lorsqu'il vous corrige. Ne dites pas: "C'est plus que je ne puis endurer!" ou: "Pourquoi as-tu permis cela Seigneur? Pourquoi cela m'arrive-t-il? J'en refuse le fardeau!" Prendre à la légère la correction et être découragé par le châtiment sont deux mauvaises réactions.

Enfin il faut s'attacher à l'amour de la vérité. Le mot grec pour "amour" nous est familier, c'est "agape". C'est un terme très fort. C'est même le plus fort en grec pour exprimer l'amour. "L'amour de la vérité" n'exprime pas le simple fait de lire votre Bible chaque matin ou d'aller à l'église et écouter les prédications; cela exprime un engagement passionné à la vérité de Dieu.

Je pense que je peux sincèrement dire que Dieu m'a donné cet amour, cet engagement passionné à la vérité de Dieu. Chaque fois que j'entends un fait qui n'est pas en accord avec la vérité biblique, quelque chose en moi s'indigne. Dieu peut faire de même en vous, si vous lui en donnez la possibilité.

La deuxième protection est recevoir l'amour de la vérité.

Protection 3

La troisième protection est de "cultiver la crainte de l'Eternel". Bien des chrétiens disent que leur vie chrétienne les protège maintenant de la crainte, mais ce n'est pas vrai. Certaines formes de peur et de crainte sont en effet effacées, mais pas toutes. Je vais vous dresser une liste de versets que Ruth et moi avons mémorisés, et dont une bonne douzaine se rapportent à la crainte de l'Eternel. Les promesses qui s'y rattachent sont si réconfortantes que je ne comprends pas pourquoi on ne veut pas craindre l'Eternel.

Psaume 34:12-15:

"Venez, mes fils, écoutez-moi! Je vous enseignerai la crainte de l'Eternel. Quel est l'homme qui désire la vie, qui aime de longs jours pour voir le bonheur? Préserve ta langue du mal et des paroles trompeuses; écarte-toi du mal et fais le bien: recherche la paix et poursuis-la."

Dieu accorde de longs jours de plénitude heureuse à celui qui marche dans la crainte de l'Eternel. Le premier domaine qu'il met en lumière et réforme est la langue: "Préserve ta langue du mal et des paroles trompeuses."

Psaume 19:9b:

"La crainte de l'Eternel est pure, elle subsiste à toujours..."

La crainte de l'Eternel ne cessera jamais; elle subsiste à toujours.

Job 28:28:

"Voici: la crainte de l'Eternel, c'est la sagesse; s'écarter du mal, c'est l'intelligence."

Remarquez que la sagesse et l'intelligence (la connaissance) ne nécessitent pas avant tout de grande qualité intellectuelle particulière, mais plutôt de qualité morale que souligne l'expression "s'écarter du mal". Il y a de bien brillants insensés sur terre!

Proverbe 8:13:

"La crainte de l'Eternel, c'est la haine du mal; l'arrogance et l'orgueil, la voie du mal, et la bouche perverse, voilà ce que je hais."

Il est évident que nous ne pouvons avoir une attitude neutre envers le mal lorsque nous marchons dans la crainte de l'Eternel. Il vous faut haïr le mal, et en premier lieu l'orgueil et l'arrogance.

Proverbe 9:10-11:

"Le début de la sagesse, c'est la crainte de l'Eternel; et la connaissance des saints, c'est l'intelligence. Car par moi, tes jours se multiplieront, et les années de ta vie s'augmenteront."

Si vous désirez vivre une longue vie, cultivez la crainte de l'Eternel. Mais une longue vie n'est pas le seul critère à considérer, car elle pourrait être empreinte de misère. Dieu offre à celui qui marche dans la crainte de l'Eternel une vie longue et bénie.

Proverbe 14:26-27:

"Celui qui craint l'Eternel possède une grande confiance, et ses fils ont un refuge auprès de lui."

La crainte de l'Eternel ne rend pas timide, hésitant, mais elle développe une paisible confiance qui devient un lieu de refuge pour vos enfants, ce qui de nos jours est très important je crois.

Le verset suivant ajoute:

> "La crainte de l'Eternel est une source de vie,
> pour s'écarter des pièges de la mort."

Quelle image saisissante! Satan a préparé les pièges de la mort. Comment pouvons-nous les éviter? En cultivant la crainte de l'Eternel.

Le Proverbe 19:23 est presque incroyable! C'est à peine si j'ose croire ce que la Bible dit:

> "La crainte de l'Eternel mène à la vie, et l'on
> passe la nuit rassasié, sans être visité par le
> malheur."

Quelle plus grande promesse Dieu peut-il faire à ses serviteurs? Ils sont rassasiés, ils demeurent dans l'abondance de bénédictions sans être visités par le malheur. Ce qui ne signifie pas pour autant que la vie est facile!

Proverbe 22:4:

> "La conséquence de l'humilité, de la crainte
> de l'Eternel, c'est la richesse, la gloire et la
> vie."

Vous trouverez que plus de la moitié des versets bibliques se référant à la crainte de l'Eternel sont directement rattachés à la vie. C'est une condition absolument indispensable pour vivre une bonne vie.

Puis nous trouvons dans Esaïe 11:1-2 l'image prophétique du Messie:

> "Puis un rameau sortira du tronc d'Isaï, et un rejeton naîtra de ses racines (toutes les références du Nouveau Testament confirment qu'il s'agit bien ici de Jésus). L'Esprit de l'Eternel reposera sur lui: Esprit de sagesse et d'intelligence, Esprit de conseil et de force, Esprit de connaissance et de crainte de l'Eternel."

Il est intéressant de noter que l'Esprit qui repose sur Jésus est composé de sept esprits, et le chiffre sept a toujours été le nombre de l'Esprit saint. Apocalypse 4:5 dit que devant le trône de Dieu brûlent sept lampes ardentes qui sont les sept esprits de Dieu.

Je pense personnellement que ce passage d'Esaïe nous révèle les sept esprits de Dieu. Le premier est l'Esprit de l'Eternel, l'Esprit qui parle à la première personne en tant que Dieu. Puis les autres se succèdent deux à deux:

- l'Esprit de sagesse et d'intelligence,
- l'Esprit de conseil et de vaillance,
- l'Esprit de connaissance et de crainte de l'Eternel.

Il est important de comprendre que la connaissance doit être alliée, au même niveau, à la crainte de l'Eternel. Car la connaissance élève, mais la crainte de l'Eternel rend humble.

L'Esprit de crainte de l'Eternel reposait sur Jésus. Il était le Fils de Dieu et il avait la crainte de Dieu; la crainte de l'Eternel reposait sur lui et ne le quittait jamais. Comme cela me parle personnellement!

La crainte de l'Eternel fait contrepoids à la joie exubérante. Lorsque nous sommes remplis de joie exubérante, il est important d'être aussi ancrés dans la crainte de l'Eternel. Et, encore une fois, je considère que c'est une faiblesse terriblement dangereuse dans le mouvement charismatique. Les croyants sont joyeux et excités, ils battent des mains et dansent – ce qui est merveilleux –; mais n'agissons pas sans la crainte de l'Eternel!

Le Psaume 2:11 dit:

> "Servez l'Eternel avec crainte, soyez dans l'allégresse, en tremblant."

Cela semble contradictoire au premier abord; cependant il faut garder l'équilibre entre la réjouissance dans le Seigneur et la révérence envers lui. Cette atmosphère de joie et de révérence est soulignée également dans le Nouveau Testament où la croissance de l'Eglise est décrite dans Actes 9:31:

> "L'Eglise était en paix dans toute la Judée, la Galilée et la Samarie; elle s'édifiait, marchait dans la crainte du Seigneur et progressait (se multipliait) par l'assistance du Saint-Esprit."

Nous voyons encore ici un équilibre. Le Saint-Esprit assiste en multipliant et en édifiant, mais nous devons marcher dans la crainte de l'Eternel. Nous pouvons être encouragés, nous pouvons être édifiés, mais cela doit être dans la crainte de l'Eternel.

Il se peut que vous me disiez: "Eh bien! frère Prince, j'ai été racheté, je suis un enfant de Dieu. Assurément, je ne dois plus craindre Dieu maintenant!" Bien au contraire, vous devriez éprouver plus de crainte encore, sachant que Dieu vous a racheté à grand prix. C'est ce que déclare 1 Pierre 1:17-19:

> "Et si vous invoquez comme Père celui qui, sans considération de personnes, juge chacun (et chacun, c'est aussi vous et moi) selon ses œuvres, conduisez-vous avec crainte pendant le temps de votre séjour sur terre. Vous savez en effet que ce n'est point par des choses périssables – argent ou or – que vous avez été rachetés de la vaine manière de vivre, héritée de vos pères, mais par le sang précieux de Christ, comme d'un agneau sans défaut et sans tache."

Le fait même que nous avons été rachetés à un grand prix est la raison pour laquelle nous poursuivons maintenant notre traversée sur terre dans la crainte. Car Dieu a beaucoup investi en nous. Il a payé le prix avec le sang de Christ. Cela ne laisse aucune place à la désinvolture, qui est en réalité une manière de nier la crainte, la révérence due à l'Eternel.

Protection 4

La quatrième et dernière protection est de faire de la croix le centre de notre vie et y demeurer attachés. J'ai étudié l'exemple de Paul dans 1 Corinthiens 2:1-5:

> "Pour moi, frères, lorsque je suis allé chez vous, ce n'est pas avec une supériorité de langage ou de sagesse que je suis allé vous annoncer le témoignage (ou le mystère) de Dieu. (Nous devons en effet nous rappeler que la rhétorique, l'art de l'orateur,

représentait le plus haut degré de la culture à cette époque. Si vous étiez quelque chose, vous étiez un bon orateur. Autrement on vous ignorait. Aussi lorsque Paul déclare: "Ce n'est pas avec une supériorité de langage", il dit en fait qu'il ne se soumet pas à cette culture.) Car je n'ai pas jugé bon de savoir autre chose parmi vous, sinon Jésus-Christ, et Jésus-Christ crucifié. Moi-même j'étais auprès de vous dans un état de faiblesse, de crainte et de grand tremblement."

La puissance de Dieu se manifeste parfaitement dans notre faiblesse. Lorsque nous avons pour nous toute l'énergie et comptons sur nos propres forces, nous n'avons pas besoin de la puissance de Dieu. Dieu doit donc nous mener au point où nous n'avons plus de force propre. Je fais cette expérience continuellement dans mon ministère. Si Dieu veut m'utiliser de manière efficace, il doit me mener au point où je réalise que, de mes propres forces et seul, je ne peux le servir, que je dépends totalement de lui dans ma faiblesse. Alors sa puissance se manifeste dans ma faiblesse.

Laissez-moi ajouter encore autre chose à ce sujet. J'ai découvert que les opportunités de le servir sont rarement à notre convenance. D'une manière générale, si Dieu vous donne une opportunité de le servir, cela vous dérangera toujours en un certain sens. C'est le test de sincérité qui mettra vos motivations à l'épreuve. Mais si nous voulons la puissance de Dieu manifestée dans nos vies, dans nos ministères, dans nos assemblées, nous devons cultiver la crainte de l'Eternel. Nous devons entretenir un sens de dépendance et la reconnaître totale envers Dieu.

Chaque fois que j'apporte la prédication, ma prière personnelle est la suivante: "Je sais, Seigneur, que je n'ai pas la capacité nécessaire et que je dépends totalement de toi. Si tu n'oins pas, si tu n'inspires pas, si tu ne fortifies pas ton serviteur, je ne peux rien faire, Seigneur." Il m'arrive de temps à autre de me lever pour la prédication en oubliant cette prière. Alors mentalement, tout en la commençant, je m'adresse à Dieu: "Seigneur, souviens-toi de ton serviteur, car je dépends totalement de toi, je ne peux te servir avec ma propre force."

Puis Paul continue:

"Ma parole et ma prédication ne reposaient pas sur les discours persuasifs de la sagesse, mais sur une démonstration d'Esprit et de puissance, afin que votre foi ne soit pas fondée sur la sagesse des hommes mais sur la puissance de Dieu."

La clé pour libérer la puissance du Saint-Esprit est d'être centré sur la croix. Il y a un cantique[4] qui dit:

"Quand je contemple cette croix où tu mourus, prince de gloire, combien mon orgueil d'autrefois m'apparaît vain et dérisoire!"

Lorsque nous voyons réellement la croix, il n'y a plus de place en nous pour la vantardise et l'orgueil. Il est intéressant de noter que la première version de ce cantique disait:

"Quand je contemple cette croix où mourut le jeune prince de gloire."

---

[4] Ce cantique, composé par Isaac Wats et révisé par R. Saillens, se trouve dans le recueil "Sur les ailes de le foi".

L'auteur voulait souligner le fait que Jésus a été retranché à la fleur de l'âge. Il est mort à l'âge où la vie offre le meilleur. Je crois que l'un de nos plus grands besoins est de nous centrer sur la croix. J'ai vu des personnes devenir ambitieuses, s'efforcer d'atteindre le succès, vouloir bâtir une large église ou établir un grand ministère. Et elles ont parfois réussi. Mais si la croix n'est pas au centre de l'œuvre du serviteur, il ne bâtit que sur du bois, du foin et du chaume.

Cela me rappelle un prédicateur baptiste célèbre dans sa génération, Charles Spurgeon. Il rappelait sans cesse à ses étudiants l'importance de centrer la prédication sur la croix. Il a dit un jour: "Prêcher les principes de la vie chrétienne sans mentionner la croix, c'est comme un sergent instructeur donnant des ordres à un escadron de soldats amputés des pieds. Ils peuvent entendre et comprendre les ordres, mais n'ont pas la capacité de les exécuter. Par la croix seulement, nous avons la capacité d'accomplir l'œuvre à laquelle Dieu nous appelle."

Reprenons à présent les cinq premiers versets de 1 Corinthiens 2. Ils ont toujours été parmi mes préférés, parce que je suis venu au Seigneur alors que j'enseignais la philosophie grecque. Lorsque Paul parle de sagesse, dans ce contexte, c'est de philosophie grecque dont il est question. Aussi je crois pouvoir apprécier dans toute son amplitude ce qu'il dit à ce sujet. Lorsque nous lisons ces versets, il nous faut considérer que Paul parle ici d'une période précise de son voyage apostolique. Dans Actes 17, il était à Athènes, centre intellectuel et cité universitaire du monde antique. C'est là qu'il a prêché un sermon qui ne ressemble en rien aux autres qui nous sont parvenus. C'était en quelque sorte un sermon intellectuel. Il l'a adapté à l'auditoire et a même cité un poète grec (ce qu'il n'a fait en aucune autre occasion par ailleurs). Je me demande si Paul était alors conduit par l'Esprit saint. En tout cas, le résultat a été décevant. Seuls quelques-uns ont cru.

Alors Paul s'est dirigé vers Corinthe, qui était une ville portuaire, comme la plupart des grands ports de notre époque contemporaine, une cité dominée par le mal, où abondait le péché. Entre Athènes et Corinthe, tout en cheminant, Paul a pris une décision qu'il nous a transmise dans les versets suivants:

> "Pour moi, frères, lorsque je suis allé chez vous, ce n'est pas avec une supériorité de langage ou de sagesse que je suis allé vous annoncer le témoignage de Dieu. Car je n'ai pas jugé bon de savoir autre chose parmi vous, sinon Jésus-Christ, et Jésus-Christ crucifié. Moi-même j'étais auprès de vous dans un état de faiblesse, de crainte et de grand tremblement; ma parole et ma prédication ne reposaient pas sur les discours persuasifs de la sagesse, mais sur une démonstration d'Esprit et de puissance, afin que votre foi ne soit pas fondée sur la sagesse des hommes mais sur la puissance de Dieu."

Paul a donc pris la ferme décision de ne pas prêcher à Corinthe de la même manière qu'il l'avait fait à Athènes. Il dit ici une chose remarquable pour un juif: "J'ai décidé de ne rien connaître parmi vous sinon Jésus-Christ, et Jésus-Christ crucifié." Souvent les juifs ont une grande connaissance et c'est en elle qu'ils mettent leur confiance.

Comme la déclaration de Paul est extraordinaire! "Je suis déterminé à ne connaître aucune autre chose sinon Jésus-Christ, et Jésus-Christ crucifié. J'oublierai tout ce que j'ai appris de Gamaliel, mon maître d'études autrefois; je veux tout oublier! Car je m'intéresse uniquement à Jésus-Christ; non seulement au Messie, mais aussi à Jésus-Christ crucifié! Cela est désormais le but et le cœur de mon message." Je crois que ce doit être aussi l'objectif et le cœur de notre message. Si nous nous éloignons de la croix, nous sommes en danger.

Je remarque que Paul s'attendait à la démonstration puissante du Saint-Esprit. Je trouve qu'aujourd'hui, dans l'Eglise contemporaine, si vous prêchez sur la puissance de Dieu, chacun devient exubérant; si vous faites un appel pour ceux qui désirent recevoir la puissance de l'Esprit, beaucoup s'avanceront. Je crois personnellement que cette manière de mettre l'accent sur la puissance de l'Esprit est dangereuse. J'ai observé au fil des ans que les gens qui se préoccupent de cela se retrouvent dans les ennuis, et finissent dans l'erreur.

La puissance en général est quelque chose qui fait appel à l'homme naturel. Certains psychologues ont dit que le désir de puissance est le principal désir de la personnalité humaine. Paul a dit: "Je désire la puissance, mais sur un fondement différent de celui du train de ce monde. Je veux effacer toute ma sagesse personnelle, toute ma connaissance, mes qualifications théologiques et je veux fixer mon attention sur un seul but: Jésus-Christ crucifié." Puis il conclut: "Lorsque je ferai cela, je suis certain que le Saint-Esprit viendra avec puissance."

Je vais maintenant terminer par ce verset que j'aime particulièrement et que nous lisons dans Galates 6:14:

"Je ne me glorifierai de rien d'autre que de la croix de notre Seigneur Jésus-Christ, par qui le monde est crucifié pour moi, comme je le suis pour le monde!"

Laissez-moi récapituler les quatre protections que je vous ai suggérées:

Protection 1: Humilions-nous. Pierre nous dit "que notre adversaire, le diable, rôde comme un lion rugissant, cherchant qui dévorer" (1 Pierre 5:8). Le diable est très puissant et très actif. Toute théologie vous proposant le contraire est une séduction.

Supposez que l'on fasse l'annonce suivante: Un lion s'est échappé et rôde en liberté dans le bâtiment où vous vous trouvez! Je ne crois pas que vous flâneriez longtemps dans les parages en chantant dans votre cœur une mélodie au Seigneur. Vous seriez prudent et avisé en prenant au plus vite la direction de la sortie et en fermant soigneusement la porte derrière vous.

Voilà une illustration sur la manière dont il faut se conduire, car notre adversaire, le diable, rôde vraiment, et rugit comme un lion. Nous ne pouvons changer cet état de fait. Mais savez-vous pourquoi les lions rugissent? C'est pour terrifier leur proie, la paralyser. Ne soyez donc pas paralysé par le rugissement du lion. Soyez prudent, mais ne laissez pas la peur vous dominer.

Protection 2: Recevez l'amour de la vérité.

Protection 3: Cultivez la crainte de l'Eternel.

Protection 4: Faites de la croix le centre de votre vie.

Finalement, lisons encore une fois Galates 6:14:

"Je ne me glorifierai de rien d'autre que de la croix de notre Seigneur Jésus-Christ, par qui le monde est crucifié pour moi, comme je le suis pour le monde!"

Amen!

Pour une étude plus approfondie, nous recommandons le livre:

Ils chasseront les démons

Ce que vous devez savoir sur les démons, vos ennemis invisibles.

⇨ *Que sont les démons?*
⇨ *Comment les démons ont-ils accès dans la vie des personnes?*
⇨ *Arrive-t-il que des chrétiens aient besoin de délivrance?*

Dans ce livre agréable à lire et fondé sur la Bible, Derek Prince répond à ces questions ainsi qu'à d'autres d'une importance vitale. Si vous vous débattez avec des problèmes qui semblent ne jamais en finir, avez-vous déjà pensé que de mauvais esprits pourraient être à l'œuvre? Ou peut-être désirez-vous aider des personnes qui ont de tels problèmes.

Derek Prince fait remarquer que "Jésus n'a jamais envoyé quelqu'un prêcher l'évangile sans lui donner en même temps l'ordre et la capacité de mener aussi le combat contre les démons comme lui-même le faisait".
Si cela n'est plus vrai aujourd'hui, Prince pose la question: "Qui a changé? Jésus? Les démons? L'Eglise?"

Dans ce manuel pratique et détaillé sur le thème de la délivrance, Prince partage ses propres combats avec les démons et aborde les craintes et les idées fausses souvent associées à la délivrance. Après plus de trente années d'expérience dans ce ministère, Prince offre des conseils sensés sur la manière de recevoir ou d'apporter la délivrance et de rester libre. Il décrit également neuf activités caractéristiques des démons, sept façons par lesquelles ceux-ci pénètrent dans les vies et vous conduit ensuite dans neuf pas à prendre pour obtenir la délivrance.

format 12X18 cm, 288 pages, 12,95 €

www.ingramcontent.com/pod-product-compliance
Lightning Source LLC
Chambersburg PA
CBHW062019040426
42447CB00010B/2073